Guerra de Orixá

Coleção
ANTROPOLOGIA SOCIAL
fundada por Gilberto Velho
dirigida por Karina Kuschnir

- O Riso e o Risível
  Verena Alberti
- Falando da Sociedade
- Outsiders
- Segredos e Truques da Pesquisa
- Truques da Escrita
  Howard S. Becker
- Antropologia Cultural
  Franz Boas
- O Espírito Militar
- Os Militares e a República
  Celso Castro
- Bruxaria, Oráculos e Magia entre os Azande
  E.E. Evans-Pritchard
- Nova Luz sobre a Antropologia
  Clifford Geertz
- O Cotidiano da Política
  Karina Kuschnir
- Cultura: um Conceito Antropológico
  Roque de Barros Laraia
- Guerra de Orixá
  Yvonne Maggie
- Evolucionismo Cultural
  L.H. Morgan, E.B. Tylor, J.G. Frazer
- A Invenção de Copacabana
- De Olho na Rua
  Julia O'Donnell
- A Teoria Vivida
  Mariza Peirano
- Cultura e Razão Prática
- História e Cultura
- Ilhas de História
- Metáforas Históricas e Realidades Míticas
  Marshall Sahlins
- Antropologia Urbana
- Um Antropólogo na Cidade
- Desvio e Divergência
- Individualismo e Cultura
- Projeto e Metamorfose
- Rio de Janeiro: Cultura, Política e Conflito
- Subjetividade e Sociedade
- A Utopia Urbana
  Gilberto Velho
- Pesquisas Urbanas
  Gilberto Velho e Karina Kuschnir
- O Mistério do Samba
- O Mundo Funk Carioca
  Hermano Vianna
- Sociedade de Esquina
  William Foote Whyte

Yvonne Maggie

Guerra de Orixá

Um estudo de ritual e conflito

3ª edição revista

ZAHAR

Jorge Zahar Editor Ltda.
rua Marquês de S. Vicente 99 – 1º | 22451-041 Rio de Janeiro, RJ
tel (21) 2529-4750 | fax (21) 2529-4787
editora@zahar.com.br | www.zahar.com.br

Capa: Sérgio Campante
Composição: TopTextos Edições Gráficas

CIP-Brasil. Catalogação-na-fonte
Sindicato Nacional dos Editores de Livros, RJ

M172g
3.ed.

Maggie, Yvonne
Guerra de Orixá: um estudo de ritual e conflito / Yvonne Maggie. — 3.ed. — Rio de Janeiro: Zahar, 2001.
— (Antropologia social)

Inclui bibliografia.
ISBN 978-85-7110-611-6

1. Brasil — Religião — Influência africana. 2. Cultos afro-brasileiros — Estudo de casos. 3. Sincretismo (Religião). 4. Etnografia. 1. Título. II. Série.

01-0885

CDD: 306.609(81)
CDU: 316.74:2(81)

Sumário

Prefácio à 3ª edição

Vinte e seis anos depois de ter escrito *Guerra de orixá: um estudo de ritual e conflito*, com o qual me iniciei como antropóloga, posso dizer que ele é, como qualquer produto cultural, marcado pela sua época. No entanto, por esta razão e porque ainda se mantém atual em muitos sentidos, decidi publicá-lo praticamente em sua forma original.

Guerra de orixá, escrito em meio a um turbilhão de mudanças no país e na antropologia brasileira, é fruto do esforço de uma geração que buscou novos caminhos e novas perguntas para entender a sociedade brasileira. Uma geração que, impedida de expressar-se por meios políticos e ceifada das responsabilidades do poder, tentou por caminhos menos ortodoxos, uma outra descrição do país. *Guerra de orixá* fez parte de um conjunto de livros e filmes caracterizados por esta vontade de conhecer e também de entender os limites das nossas visões utópicas sobre a sociedade brasileira.

O livro rompe com uma corrente que buscava nas origens das religiões trazidas pelos escravos a explicação do presente. Algum tempo depois surgiram trabalhos que foram mais longe neste rompimento, como os de Peter Fry, na sua coletânea *Para inglês ver*, e o de Beatriz Góis Dantas, *Vovô nagô e papai branco: usos e abusos da África no Brasil*, que redimensionaram as estratégias teóricas dos autores que haviam se dedicado ao estudo dessas religiões. Uma geração depois, a marca dos trabalhos que questionavam esta busca de origens já era muito forte e a vida nos terreiros, muito mais presente nos relatos dos antropólogos.

Guerra de orixá é também um livro que inaugurou uma maneira de fazer etnografia, então pouco usual e hoje quase rotineira. Antes mesmo do surgimento desta onda mais reflexiva sobre o papel e a autoridade do antropólogo no campo, que influenciou o fazer da etnografia a partir do final da década de 1980, aproximei-me de Max Gluckman e Victor Turner para falar de versões dos acontecimentos que se estruturam e, com um olhar muito crítico, percebi a importância de refletir sobre a presença e a posição do observador no drama e de seu papel no desenrolar da história. Se tivesse que escrever este livro hoje, não poderia deixar de lançar mão da análise de evento e estrutura de Marshall Sahlins em *Ilhas de história,* para entender ainda mais a estrutura da conjuntura e desvendar as versões do grupo sobre o lugar do observador neste drama.

Através da noção de "drama social" elaborada por Victor Turner, pude perceber a importância dos acontecimentos que estavam se desenrolando sem perder de vista que tais transformações e sucessões de conflitos eram percebidas dentro de um contexto ritual e interpretadas à luz de códigos próprios. Victor Turner foi guia neste estudo e pude, anos mais tarde, retribuir o privilégio de suas lições proporcionando a ele e a Edith Turner, sua esposa, uma visita a um dos terreiros por mim estudados no Rio de Janeiro.

Duas principais críticas foram levantadas e merecem ser discutidas por terem produzido respostas que busquei aprofundar em trabalhos posteriores.

A primeira e mais recorrente se refere ao fato de *ser* um estudo de caso. Apenas um terreiro estudado, segundo os críticos, não pode explicar a complexidade de uma religião. O caso estudado, um terreiro na Zona Norte da cidade do Rio de Janeiro e sua brevíssima história, foi o palco por onde tentei desvendar as formas pelas quais o poder é estruturado nesta instituição religiosa. Estudei assim *em* um terreiro e não *o* terreiro e segui trilhas que foram abertas por três dos mais importantes estudiosos do tema e que mais marcaram minha trajetória neste campo de estudo: Nina Rodrigues em *O animismo fetichista dos negros baianos*, Nunes Pereira em *A casa das minas* e Ruth Landes em *A cidade das mulheres.* Estes trabalhos foram tão importantes para a minha compreensão destas religiões e do próprio fazer da antropologia que decidi, muito tempo antes de encontrar o terreiro no qual pesquisaria, que faria um estudo deste tipo. De toda a literatura sobre o tema estes três livros são os que até hoje não perderam sua força explicativa. A razão desta força está, a meu ver, no fato de estes autores terem acreditado na versão dos seus informantes e sobretudo de terem se aproximado do grupo estudado de forma não-preconceituosa. *Guerra de orixá* segue a trilha destes autores.

A segunda crítica refere-se à minha interpretação do ritual como representação de versões do grupo sobre a sociedade mais ampla na qual os participantes estavam envolvidos e baseia-se no fato de que esta maneira de interpretar rituais e representações é um olhar de fora, reduzindo portanto a visão do outro à da sociedade do pesquisador. Ou dito de outra forma, a crítica refere-se a uma sociologização da realidade. Acredito, no entanto, que esta aproximação feita entre religião e sociedade, antes de ser um reducionismo, segue a lição de Émile Durkheim de uma maneira muito direta: demonstra a relação entre estas duas esferas da vida social, a religião e as relações sociais. Também na antropologia pós-Lévi-Strauss é neste sentido que se procura interpretar crenças e ritos. A tensão que descrevo no terreiro entre o código do santo e o código burocrático ao interpretar a guerra de orixá, a demanda e o conflito que funda a história descrita só é possível ou mesmo necessária porque o ritual e a crença em questão são parte desta sociedade particular.

Ao longo dos anos que separam *Guerra de orixá* de *Medo do feitiço*, meu segundo livro, busquei o fio da meada a partir destas críticas. Foi neste último trabalho que encontrei a relação possível entre os terreiros, entre os diversos segmentos da crença e também os princípios que organizam as hierarquias dos terreiros construídas socialmente. Tentei entender as homologias entre a feitiçaria e o universo que chamei de religiões mediúnicas. Nos anos em que pesquisei terreiros diversos e muitos processos criminais pude voltar a pensar, como Durkheim, que, no Brasil, a religião é o elo entre os vários grupos que compõem nossa sociedade e que as religiões mediúnicas, aqui, atingem pessoas de todas as classes. Comparando a mediunidade e a feitiçaria daqui com a da antiga Rodésia, pude demonstrar que as diferenças encontradas expressam de maneira muito particular a relação entre religião e relações sociais. Em *Medo do feitiço* aprofundei algumas idéias apenas esboçadas em *Guerra de orixá*, como a universalização da crença no espírito em nossa sociedade e as diversas formas de concebê-lo. Foi naquele terreiro — Caboclo Serra Negra — que vivi pela primeira vez a problemática que hoje ocupa minhas horas de trabalho: a importância de "ter estudo" para aquele grupo e a relação cotidiana entre brancos e negros na vida brasileira. Em meio àquelas guerras em que deuses lutavam por homens e mulheres escolhidos, vivenciei a tensão entre ter estudo e ser "bom no santo", e também entre ser um bom pai-de-santo e ser um estudante, independentemente de ser negro ou branco. Hoje meu esforço se volta para a pesquisa sobre educação e relações raciais.

Guerra de orixá foi portanto um livro de estréia, mas constituiu-se também em um plano de vôo da minha vida profissional.

Jorge Zahar, o grande editor brasileiro e amigo saudoso, acreditou e confiou naquela iniciante, e devo a ele o privilégio da oportunidade. Foi dele a coragem de lançar um trabalho que ia tão contra a corrente da época.

Rio de Janeiro, maio de 2001

Prefácio à 1ª edição

Este trabalho foi apresentado como dissertação de mestrado no Programa de Pós-Graduação em Antropologia Social da Divisão de Antropologia do Museu Nacional da Universidade Federal do Rio de Janeiro (UFRJ). Teve como ponto de partida a leitura crítica da literatura sobre cultos afro-brasileiros realizada no Brasil e na Universidade do Texas, Austin, Estados Unidos. A partir da leitura e análise desse material pude repensar alguns problemas que me levaram a procurar respostas através de um estudo de caso.

O trabalho de campo foi realizado em um terreiro de umbanda localizado no bairro do Andaraí (RJ), no período compreendido entre junho e setembro de 1972. Nesses quatro meses observei a vida deste terreiro, desde sua inauguração até seu fechamento. De setembro a outubro de 1972 acompanhei a trajetória do grupo que se dispersou depois do seu fim.

Quero agradecer ao Conselho Nacional de Pesquisas através do qual obtive bolsa para freqüentar os cursos do Programa de Pós-Graduação em Antropologia Social da Divisão de Antropologia do Museu Nacional da UFRJ, assim como para realizar o trabalho de campo.

Agradeço ainda à Fundação Ford pela bolsa que me permitiu freqüentar a Universidade do Texas. Como *special student* no Departamento de Antropologia dessa universidade tive oportunidade de freqüentar cursos e manter contatos com professores e alunos, aperfeiçoando minha perspectiva teórica. Agradeço a todos eles, especialmente aos professores Richard N. Adams e Anthony Leeds.

Como professora do Departamento de Ciências Sociais do Instituto de Filosofia e Ciências Sociais da UFRJ contei sempre com o apoio de meus colegas.

Agradeço aos professores, colegas e amigos do Programa de Pós-Graduação em Antropologia Social do Museu Nacional da UFRJ. Enfatizo particularmente o apoio do prof. Roberto Cardoso de Oliveira, antigo diretor do Programa, e de seu atual diretor, meu orientador de tese, prof. Roberto DaMatta. A este devo muito em termos de um contínuo e saudável estímulo intelectual.

As críticas e sugestões da profª Francisca Schurig Vieira Keller e do prof. Peter Fry, membros de minha banca, muito incentivaram a continuidade de meu trabalho.

Minha gratidão à falecida profª Marina São Paulo de Vasconcellos. Minha profissionalização muito deve a seu incentivo e apoio.

Agradeço a meus irmãos que, de várias maneiras, me ajudaram a realizar este trabalho.

Este livro não teria sido realizado sem a cooperação e disposição dos médiuns e clientes da Tenda Espírita Caboclo Serra Negra de me prestar informações. Gostaria de agradecer a cada um em particular e desculpar-me pela imperfeição deste livro. Seus nomes foram mantidos em sigilo e os aqui citados são fictícios.

Agradeço de forma particular a Gilberto Velho pelo carinho e amor com que me ajudou e acompanhou durante todas as fases deste trabalho.

Introdução

Iemanjá é nossa mãe*
E Oxalá é nosso pai.*
Eu vim aqui pedir a Jesus
E à Virgem Maria.
Nossa Senhora é nossa mãe
E Oxalá é nosso pai.
Eu vim aqui pedir a Jesus
E à Virgem Maria.
Estrela d'Alva é nossa guia
Que nos alumeia neste dia.
Eu vim aqui pedir a Jesus
E à Virgem Maria.

Ponto cantado* na abertura
das sessões* de domingo

Quando iniciei minhas leituras sobre o que se convencionou chamar de religiões afro-brasileiras, fiquei impressionada com a continuidade e constância com que eram tratados certos temas. Estes quase não mudaram desde o início dos estudos sobre essas religiões. Os problemas e as interpretações variavam pouco apesar da imensa bibliografia existente. As questões abordadas não mudavam devido às determinações ideológicas dos autores. Foi necessário fazer uma crítica da ideologia subjacente às afirmações dos estudiosos que se dedicaram a esse tema para tentar fazer novas perguntas que levassem a respostas novas.

Em primeiro lugar, as religiões afro-brasileiras foram sempre vistas como um fenômeno de sincretismo religioso no qual se encontravam traços africanos associados a traços católicos. A esse sincretismo inicial foi acrescentada a mistura de traços do espiritismo kardecista com traços indígenas. O próprio nome genérico que foi escolhido para denominá-las expressa essa visão de uma religião sincretizada. Afro, pois tinham traços africanos. Brasileiras, pois apresentavam traços católicos, espíritas e indígenas.

* Os vocábulos assinalados com asterisco constam do Glossário.

Em segundo lugar, esses traços foram associados a um maior ou menor grau de desenvolvimento ou de evolução cultural. Assim, os traços de origem africana foram colocados no vértice mais baixo da evolução cultural, seguidos dos traços indígenas e dos traços católicos assimilados de forma primitiva. No vértice mais elevado dessa evolução cultural colocavam-se os traços espíritas.

De início, por serem religiões classificadas como primitivas, fetichistas e mágicas, elas estariam, frente a outras religiões, num estágio inferior da evolução cultural. Os primeiros autores que procuraram dar uma abordagem científica a esse tipo de estudo colocaram esse primitivismo associado ao fato de serem religiões de negros, "transplantadas" para o Brasil na época da escravidão. Sendo seus membros negros, suas crenças deveriam ser condizentes com o estágio "primitivo" e por que não "inferior" dessa raça. Mais tarde, com o aprimoramento das abordagens científicas, o primitivismo foi associado às camadas baixas da população brasileira que, com forte contingente negro, adotavam essas religiões por não terem ainda alcançado estágios mais altos da evolução cultural, a "civilização". Mais recentemente, um outro tipo de associação foi feito. Esses traços foram associados a uma maior ou menor adaptação ao meio de vida urbano. Aparece assim uma nova oposição rural-urbano, o pólo rural associado a traços primitivos, emocionais, não-racionais e o pólo urbano associado a traços mais civilizados, não-emocionais, racionais. Dessa forma, os traços africanos estariam no pólo mais rural, primitivo, emocional, não-racional, enquanto os traços espíritas seriam mais compatíveis com um estilo de vida urbano, racional, civilizado, não-emocional.

Dentro dessa linha foi desenvolvida uma classificação desses cultos, a qual seguia o mesmo raciocínio evolucionista. Assim, teríamos na Bahia o candomblé*, com forte influência africana. No Rio, São Paulo e estados do Sul, teríamos a macumba*, ainda próxima de suas origens africanas, e a umbanda*, na qual predominam as características espíritas. A Bahia era vista como pólo mais tradicional, sendo uma sociedade menos urbanizada. Rio e São Paulo, como pólo mais moderno e urbanizado.

Ao ler um estudo sobre qualquer um desses tipos de cultos fica claro, de imediato, um raciocínio teleológico. Os autores procuravam, de início, os traços, depois verificavam sua origem e chegavam finalmente à explicação do presente. Ou seja, se existisse maior número de traços africanos, o culto era situado no pólo mais primitivo, fetichista, emocional, não-racional, menos compatível com a vida civilizada e, obviamente, negro. Se existisse maior número de traços espíritas, no vértice oposto, sendo menos primitivo, menos fetichista, mais racional, menos emocional e branco. Esses cultos eram colocados, ainda, como um todo no vértice mais primitivo em relação às religiões "civilizadas".

Alguns autores vão até a África para verificar de que grupos esses traços teriam provindo. Muitas vezes, os mesmos autores remetem-nos a Frobenius[1] para nele encontrar a explicação ou o significado de certos traços. Essa busca de origens ocorre, na grande maioria das vezes, em detrimento da análise das explicações dos próprios seguidores dessa religião no Brasil.

Roger Bastide, por exemplo, faz uma análise exaustiva de uma coluna central encontrada nos terreiros nagôs na Bahia. Cita Frobenius, fala do vodu haitiano e descreve os mitos iorubanos da África. Finalmente chega à seguinte conclusão: "A abundância dessas representações do espaço, em pedra, em madeira e em ferro, comprova a importância, *mesmo se os fiéis esqueceram o significado*, desse simbolismo da criação." (Bastide, 1958, p.72. O grifo é meu.)

Assim, se os fiéis no Brasil esqueceram o significado dos símbolos, o autor busca na sua origem seu significado. Será que os fiéis se esqueceram de seu significado? Ou terão outro significado a dar? O que significa um signo cujo símbolo já foi esquecido? Talvez este signo — a coluna central — em relação a outros tenha se transformado em um novo símbolo. Mas fica difícil saber, pois o autor, aparentemente, não pergunta aos fiéis por que existe aquela coluna hoje.

Não estou com isso negando a importância que tiveram esses estudos para a compreensão de tais religiões. Estou apenas tentando situar-me diante dessas abordagens, tentando perceber os valores que estavam por trás desses estudos, ou melhor, suas determinações ideológicas. O que me impressionou na leitura dessas obras foi a continuidade desse tipo de perspectiva desde Nina Rodrigues, em fins do século XIX, até Cândido Procópio na década de 1960 (Rodrigues, 1935 e 1945; Camargo, 1961).[2]

Subjacentes a tal visão estavam contidos, de forma branda, os estereótipos e preconceitos que Nina Rodrigues não tinha pruridos em explicitar. Talvez seja por isso que sua obra continua até hoje sendo o documento mais importante sobre o assunto.

Chamar essas religiões de afro escondia um medo de chamá-las de religiões negras. As origens africanas lhes davam um caráter mais "limpo" e "aristocrático". A África está longe, os africanos são estrangeiros e isso lhes confere um outro *status*. Nesse sentido, na obra de Édison Carneiro (Carneiro, 1948 e 1964), embora contendo esses mesmos pressupostos, é mencionado o caráter nacional dos cultos, a sua nacionalização, o que é uma perspectiva menos comprometida.

Na medida em que esses autores buscavam a explicação dos traços na sua origem, não conseguiram dar conta do próprio objeto que se propunham a analisar, ou seja, o fenômeno do sincretismo. Num primeiro momento, viam os rituais sendo compostos de traços, pedaços, símbolos. No entanto, buscavam na África a explicação desses pedaços. Não perceberam que a relação entre essas partes é que dá sentido ao todo. Assim, não importava saber qual o significado de exu* na África. Importava verificar o significado que lhe era dado pelas pessoas que praticavam esses rituais no Brasil e qual a relação entre esse traço — exu — e os demais.

Mas havia ainda uma outra problemática que preocupava os autores, qual seja, o fato de essas religiões terem surgido nos centros urbanos e suas ramificações no meio rural serem muito menos ricas. Por que no meio urbano uma religião fetichista? Alguns autores responderam que, por serem os membros desses cultos de origem rural, estariam tentando recriar no meio urbano os laços primários nele perdidos. Mas, ainda assim, o problema não se resolvia e aí podemos encontrar um dos tipos de contradição dessa perspectiva evolucionista e de busca de africanismos.

Diante do que foi exposto quero dizer que não estou interessada no sincretismo, nem na origem dos traços, nem tampouco no primitivismo ou fetichismo dessas religiões. Não estou também vendo-as como religiões negras. Não estou, por outro lado, preocupada em dar uma explicação para esse fenômeno tão abrangente e com tantas diferenças. Não pretendo esgotar o estudo das religiões chamadas de afro-brasileiras, nem de sua ramificação no Rio, a umbanda ou macumba.

Meu objetivo neste trabalho é muito restrito. Fiz um estudo de caso de um terreiro*, ou seja, um local de culto. Neste estudo de caso, minha preocupação básica foi partir das informações do universo pesquisado e tentar verificar como um grupo de pessoas vivia, numa época determinada, usando determinados rituais, símbolos e costumes. Num segundo momento, procurei interpretar o que estava sendo expresso através da história desse terreiro, de seus rituais e da exegese dos membros do grupo. Ou seja, pretendia perceber a lógica que estava por trás desses rituais, dos símbolos e do discurso daqueles que os praticavam.

Minhas conclusões serão, portanto, limitadas ao universo pesquisado. Não estou com elas explicando todo o fenômeno da umbanda ou macumba no Rio de Janeiro. Mas, na medida em que este terreiro fazia parte de um universo maior de terreiros, minhas conclusões talvez possam explicar terreiros que tenham uma equivalência estrutural com o caso estudado.

No primeiro capítulo discuto algumas categorias-chave e descrevo o terreiro e seus principais rituais.

No segundo capítulo narro o "drama", ou a história do terreiro, desde seu nascimento até sua morte. Procuro relatar não só os fatos ocorridos como também as versões deles apresentadas por cada membro do grupo.

No terceiro capítulo descrevo quatro histórias de vida e a posição desses personagens no drama, tentando através delas entender por que tiveram essa posição e qual o seu significado.

O quarto capítulo é uma tentativa de análise simbólica de alguns aspectos do drama e de alguns rituais realizados. Aqui minha preocupação foi tentar verificar os modelos expressos pelos membros do grupo e quais as visões que, através desses modelos, tinham da sociedade mais ampla.

CAPÍTULO I

O terreiro

Eu me perdi, meu pai
Eu me perdi
Lá na mata da Jurema eu me perdi.*
*Fui procurar seu Serra Negra**
Não achei e lá na mata da Jurema
Eu encontrei.
Eu me perdi, meu pai
Eu me perdi.

Ponto cantado do caboclo Serra Negra,
que deu nome ao terreiro

Neste capítulo pretendo fazer a etnografia do terreiro Tenda* Espírita Caboclo Serra Negra e um breve relato de sua história, assim como descrever os principais rituais realizados e a composição da clientela e dos médiuns*.

Como parte dessa mesma etnografia, pretendo me localizar como observadora e, de certa forma, como participante dos fatos ocorridos no curto período de vida deste terreiro. É importante frisar que minha percepção do objeto de pesquisa aguçou-se no momento em que compreendi que a relação observador e observado também faz parte desse objeto de pesquisa. Isso se dá no nível de interferência do observador na vida do observado, e sem a consciência deste fato muitos dados importantes se perdem.

Fui apresentada aos membros do grupo estudado por seu presidente*, Mário, meu aluno no curso de Ciências Sociais. Este aluno era médium de um terreiro na Zona Norte e, freqüentemente, conversávamos sobre problemas relativos à umbanda e à sua participação nessa religião. Certo dia, disse-me que estava querendo abrir um terreiro com uma conhecida que era mãe-de-santo*. Passado algum tempo, convidou-me para assistir à inauguração do terreiro do qual seria presidente. Comecei, então, a freqüentá-lo. Mesmo me definindo como observadora, pesquisadora, antropóloga, e talvez por isso mesmo, passei a ser também peça do drama. Meu primeiro contato tinha sido com o presidente, que fazia questão de me apresentar como sua professora na universidade. Cada vez que um elemento novo me era apresentado pelo pai-de-santo*, este pedia ao presidente para dizer quem eu era. "Ter estudo" era para o grupo um sinal de prestígio, enfatizado pelo presidente, que era estudante universitário. Assim, não tive muitos problemas para ser aceita, pois logo se estabeleceu um mecanismo através do qual aquele que me desse mais informações ganhava um pouco de prestígio.

Mas ter estudo não era apenas um sinal de prestígio; também era sinal de ignorância das "leis da umbanda"* ou da "lei espiritual"*, das "coisas do santo"*, como diziam. Eu mesma me definia como ignorante no assunto, queria aprender com eles, saber como pensavam e o que significava tudo o que ali se passava. Essa problemática ficará mais clara no decorrer do trabalho.

Senti também, por parte dos membros do terreiro, a necessidade de me classificar. Era uma pesquisadora e tinha estudo, mas queria aprender com eles. Freqüentava todas as sessões, mas como observadora; no início, não queria participar.

O pai-de-santo, logo no primeiro contato, terminou a conversa falando sobre vários tipos de médiuns, ressaltando o caso de um rapaz: "Era igual à senhora", disse, "e conversava muito comigo. Me contou que estava lá no interior de Minas e foi visitar um velho que morava numa casa pobre. Quando chegou na porta, antes de bater, o velho chamou ele e disse que sabia de tudo o que ele queria. Ensinou alguma coisa e disse que ele podia voltar pro Rio que ele ia ensinar tudo, ele em Minas e o rapaz aqui." Continuou dizendo que o rapaz, mesmo só estando estudando há seis meses, havia escrito um livro, e que agora trabalhava na Congregação Umbandista*, indo aos terreiros para ver se "tudo está feito de acordo com *a lei**". Terminou dizendo: "Ele é um científico, sabe de tudo mas não recebe*. Ele pode ver tudo, estar do seu lado num bar e saber sua vida. É... existe ainda o médium científico*."

Algum tempo depois, conversando com o pai-de-santo e a mãe-pequena*, depois de termos ouvido a gravação que eu havia feito numa sessão de domingo, esta perguntou-me: "Você não quer 'trabalhar'* aqui?" Não entendi bem e ela insistiu, dizendo: "Você não quer ser médium aqui?" O pai-de-santo, que ouvia calado, olhou para a mãe-pequena e os dois começaram a rir. Resolvi não responder e ri também com eles.

Uma outra médium, durante uma conversa, já havia me perguntado se eu não queria "trabalhar no santo"*. Um dia, possuída por seu preto-velho*, chamou-me e pediu para colocar o charuto que fumava em minha boca com a brasa voltada para dentro. Relutei, mas insistiu e, então, fiz o que tinha mandado — com muito medo, confesso. Devolvi-lhe o charuto e ela, abraçando-me, disse: "Chucê* é filha-de-fé*, não queimou, vou protegê chucê e abri seus caminho*." Alguns dias depois o mesmo preto-velho me disse, meio rindo: "Chucê é filha-de-curiosidade*, mas vai sê filha-de-fé."

Após esses ensaios de classificação — médium científico, filha-de-curiosidade, filha-de-fé — não houve mais perguntas sobre o motivo de minhas idas ao terreiro. Passado algum tempo, a mãe-pequena insistiu para que eu "entrasse de sócia"*, contribuindo como os outros para a manutenção do terreiro. De início hesitei, mas depois resolvi contribuir e fui arrolada como sócia da casa.

Antes de iniciar a descrição do terreiro e de seus rituais, farei um breve histórico e discutirei algumas categorias-chave. Farei, também, a descrição da classificação dos deuses de sua relação com os médiuns.

O terreiro foi inaugurado por um grupo de 14 médiuns e algumas pessoas que, mesmo não sendo médiuns, eram a eles ligadas. O grupo de médiuns, embora participasse de outros terreiros, era unido por conhecer Maria Aparecida, que era mãe-de-santo. Não tendo um terreiro, costumava "dar consulta"* nas casas das pessoas, inclusive desses médiuns. Um dos médiuns do grupo, Mário, resolveu ceder sua casa para que Maria Aparecida pudesse dar consultas sem precisar se deslocar de casa em casa. Nesse período, que durou uns três meses, o grupo manteve estreito contato e os que não se conheciam antes puderam ali se conhecer. Foi nessa época que o grupo resolveu abrir um terreiro para ajudar a mãe-de-santo que era "excelente" mas muito pobre. Diziam também que no terreiro de origem não tinham "conhecimentos", enquanto no novo todos eram amigos.

O terreiro foi inaugurado e Mário, locatário da casa, assumiu o posto de presidente. Uns dez dias depois da inauguração a mãe-de-santo "ficou maluca", como diziam, e foi internada em um hospital psiquiátrico. Depois disso, os médiuns resolveram chamar um pai-de-santo para substituí-la. Esse novo pai-de-santo só era conhecido por um casal do grupo original e, imediatamente, reiniciou os "trabalhos"*. O terreiro teve um curto período de vida sob a chefia desse novo pai-de-santo, mas durante esse tempo houve intensa participação dos membros do grupo. Dedicavam muitos dias e noites ao terreiro e alguns chegaram a largar seus empregos, enquanto outros demonstravam cansaço depois de um dia de trabalho e várias noites sem dormir. Nesse período, surgiu nova crise, com o conflito entre o pai-de-santo e o presidente. O encaminhamento dessa crise levou ao fechamento definitivo do terreiro. Os membros se dispersaram e, passado algum tempo, a maioria dos médiuns já se tinha integrado a outros terreiros. Essa história será narrada no próximo capítulo.

Passarei agora a analisar algumas categorias, com o objetivo de verificar como são empregadas pelo grupo estudado. Existe na literatura sobre religiões afro-brasileiras uma série de definições do que seja, por exemplo, macumba, umbanda, quimbanda* e espiritismo* (Carneiro, 1964; Bastide, 1960 e Ramos, 1956). Constatei, no decorrer da pesquisa, que essas categorias eram empregadas no terreiro estudado de uma forma que, num certo sentido, se distanciava das definições que eu conhecia.

No início da pesquisa, minha primeira dificuldade foi a de classificar o grupo em termos dessas definições. Cada vez que, numa conversa, tentava usar um desses termos, sentia que as pessoas empregavam-nos de maneira distinta. Essa foi uma das ocasiões em que pude perceber, claramente, dois sistemas de classificação distintos, o meu, como antropóloga, e o dos membros do grupo.

Embora o nome do terreiro fosse Tenda Espírita Caboclo Serra Negra, o grupo dizia que o terreiro era "traçado"*, umbanda com candomblé. Alguns usavam o termo macumba para definir sua religião — "estou na macumba". Outros usavam macumba ou macumbeiro* para definir alguém que usava a magia negra*. Quimbanda era usada raramente e sempre no sentido de acusar alguém de "trabalhar para o mal"*. Se eu perguntava, por exemplo, "Por que você entrou para a umbanda?", a resposta vinha sem que fosse usado uma só vez esse termo. Comecei a reparar que quase não se falava em umbanda, ou espiritismo, ou macumba. Perguntei, então, ao pai-de-santo qual era a diferença entre umbanda e macumba e esta foi a resposta: "Macumba é o instrumento dos santos, é o tambor*, mas o povo fala macumbeiro para aquele que trabalha na umbanda*. Macumba é o tambor, macumbeiro, o tocador."

No terreiro estudado, nunca ouvi alguém definir outra pessoa como espírita ou umbandista, nem se definir com essas categorias. Falavam em pessoas que trabalham no santo e só usavam umbanda para definir a religião em termos amplos — as leis da umbanda — assim como macumba. Sempre se referiam ao "trabalho no santo", "esse negócio de santo"*, "trabalhar no santo só não dá dinheiro" etc.

Assim, umbanda, macumba e espiritismo eram raramente usados e só no sentido de definir uma religião.[1] Quimbanda, o trabalho para o mal, só era usado para acusar alguém, sendo que alguns podiam também usar macumbeiro nesse mesmo sentido. A categoria usada para definir um grupo de médiuns era o trabalho no santo. Esse trabalho se realizava nas sessões, "trabalhamos a noite inteira", e era definido como um ofício. Um dia, um médium, depois de ter se machucado numa sessão ao sair do transe, disse-me: "São os ossos do ofício."

Médium era aquele que trabalhava no santo e trabalhar no santo era um ofício. Santo* era uma das denominações dadas aos deuses ou espíritos, que também eram chamados de guias*, orixás* e entidades*. Existia uma classificação desses orixás, santos ou guias, da qual falarei adiante. O fato central, no entanto, era que esses orixás atuavam "na terra*" através dos médiuns. Cada médium era cavalo* de vários santos. Ou seja, através da possessão, os médiuns se transformavam em veículos, cavalos dos orixás, para que estes pudessem vir "fazer caridade na terra".[2]

Trabalhar no santo era a expressão usada para definir o estado de possessão. Logo, o trabalho no santo expressa o aspecto central dos rituais de umbanda, a possessão.

Os orixás eram classificados da seguinte forma: Oxalá ou Zambi*: o orixá maior. Esse orixá não utilizava nenhum cavalo, apenas comandava os outros orixás, classificados em linhas*. Essas linhas eram categorias amplas que definiam como cada orixá devia trabalhar, ou seja, que tipo de dança fazia, como deveria ser sua representação corporal, quais as suas cores, dias da semana etc.

As sete linhas de umbanda eram as seguintes: linha de Iemanjá, linha de Xangô*, linha de Oxosse* ou de caboclos*, linha de Ogum*, linha de pretos-velhos, linha de criança* e linha de exu*. Cada linha com seu chefe e seus subordinados era subdividida em sete falanges*, cada qual também com seu chefe e seus subordinados, todos subordinados aos chefes de linha. Existe, por exemplo, na linha de Iemanjá, uma falange comandada por Iansã* e outra por mamãe Oxum*, duas outras entidades femininas. Dentro de cada linha existiam, portanto, orixás com vários nomes, classificados dentro das falanges.

Cada linha era associada a um local, uma cor, um dia da semana e a determinados tipos de comida. Havia também a categoria orixá cruzado*, que definia um mesmo orixá pertencente a duas linhas. Um caboclo podia ser cruzado com exu, e ele seria metade exu, metade caboclo, um dos lados sendo caboclo e o outro lado sendo exu. Ou ainda, um preto-velho poderia ser metade do ano preto-velho e a outra metade exu.

Essa era a classificação mais utilizada pelo grupo estudado, embora houvesse variações mesmo dentro desse grupo.[3] Além dessas linhas de umbanda, o grupo falava nas "nações do candomblé"*. Existiam sete nações: queto, jeje, nagô, angola, omolocô, cambinda e guiné. Diziam que o terreiro era traçado quando eram utilizadas as linhas de umbanda e as nações do candomblé. Dependendo da nação, o ritual seguia uma seqüência diferente, como por exemplo nas sessões de domingo.

Foi muito difícil recolher precisamente essa classificação, porque as pessoas falavam menos nas linhas e mais nos seus orixás. Não importava dizer de que linha eram; falavam, por exemplo, "meu Xangô", ou "meu preto-velho". Isso é indicativo de que para os médiuns desse grupo essa classificação ampla tinha pouca importância para o ritual propriamente dito (Carneiro, 1964).

Cada médium recebia pelo menos um orixá feminino e um orixá masculino de cada linha. Podia receber mais, no entanto. Um médium poderia escolher, dentre os orixás que recebia, aqueles com os quais fosse trabalhar mais. Ou seja, nem sempre recebiam todos os seus orixás.

No terreiro estudado havia ainda a classificação das entidades em duas categorias: os guias que davam consulta — pretos-velhos, exus e caboclos — e os guias que não davam consulta — das linhas de Xangô, Ogum, Iemanjá e criança. Havia vários xangôs, iemanjás, oguns e crianças, cada qual de um médium. Estes últimos orixás eram associados a santos católicos. Exus, pretos-velhos, caboclos, iemanjás, xangôs, oguns e crianças eram os guias que usavam seus cavalos para trabalhar na terra, no terreiro.

Embora havendo diferenças de classificação dos orixás e diferenças "doutrinárias"[4] entre membros do terreiro estudado, o fato de trabalharem no santo os unia. Por exemplo, os médiuns do terreiro estudado faziam distinção entre terreiros e centros de mesa*, embora vissem os médiuns dos dois tipos como sendo pessoas que trabalhavam no santo.

O grupo estudado classificava ainda os terreiros em duas categorias: terreiro de rua* e terreiro de morro*. O primeiro para definir terreiros em casas nos vários bairros ou subúrbios da cidade. O segundo, terreiros localizados nas favelas.

Meu objeto de estudo era um terreiro de rua, mas havia várias categorias para designá-lo. É importante discuti-las pois, embora houvesse um sentido que as unia, dependendo da situação eram empregadas de maneiras diferentes. Tenda, terreiro, terra ou centro* eram categorias empregadas para designar a casa onde era realizada a maior parte dos rituais e, também, o grupo sob a chefia de um pai ou mãe-de-santo. Esse era o sentido que unia as quatro categorias.

Mas existiam diferenças no emprego de uma ou outra dessas categorias. Em primeiro lugar, centro e terreiro eram os mais usados pelos médiuns. Essa diferença pode estar ligada às diferentes proveniências dos membros do grupo. Como a formação dos médiuns se dá no terreiro e como cada terreiro tem diferenças de linguagem, usar mais um do que outro pode significar uma diferença na socialização de cada médium. Mesmo assim, no início da pesquisa o grupo usava mais a categoria centro quando falava comigo, embora entre eles terreiro fosse o termo mais utilizado. No final da pesquisa, também usavam mais este último termo quando se dirigiam a mim. Assim, parece-me que a categoria centro era mais empregada para falar com pessoas de fora, com pessoas que não pertenciam ao grupo.

Terra era mais usada quando os orixás falavam, como, por exemplo, uma pomba-gira dizia: "Esta é minha terra." Era também usada pelo pai-de-santo, no sentido de domínio: "Tenho três terras." Ou pelos médiuns para designar o domínio do pai-de-santo: "Ele (pai-de-santo) nunca poderia aceitar aquela terra como dele."

Tenda nunca foi usada, a não ser na porta da casa, em um pedaço de papel escrito em letra de fôrma: "Tenda Espírita Caboclo Serra Negra". Nos pontos cantados só eram usados terra ou terreiro.

No decorrer do trabalho usarei sempre terreiro, pois era a categoria mais usada pelos membros do grupo quando falavam entre si. Ou seja, era uma categoria do grupo para o grupo.

Quero frisar que essas categorias (assim como o sistema de classificação dos orixás) eram empregadas pelos membros do grupo estudado e que, portanto, não são, necessariamente, iguais às de outros grupos. Além disso, muitos dos médiuns eram novos no santo* e não conheciam bem as leis da umbanda. Porém, meu objetivo era partir das informações deste grupo a fim de saber como pensavam e qual o significado que davam aos itens rituais e à própria doutrina da religião que praticavam. Não seria portanto lógico saber se estavam usando os termos ou se davam os significados "corretos", pois aí teríamos de nos perguntar: corretos em relação a quê? À literatura sobre cultos afro-brasileiros? Aos livros escritos pelos membros mais "cultos" desses rituais? Se fizéssemos isso, estaríamos invertendo o trabalho do antropólogo que deve partir das formulações do grupo estudado.

Passarei agora à análise da composição do grupo de médiuns e da clientela e ao exame da hierarquia existente no terreiro.

O grupo que iniciou o terreiro era composto de 14 médiuns (nove mulheres e cinco homens), todos ligados à mãe-de-santo, Maria Aparecida. Além desses médiuns havia ainda duas pessoas que ajudaram a abrir o terreiro e que estavam sempre presentes. Uma delas era marido de uma médium e a outra, uma senhora amiga de Mário, o presidente. Outro amigo de Mário, um bancário, ajudava o terreiro financeiramente, mas nunca comparecia.

Desse grupo inicial de médiuns, cinco eram vizinhos — moravam na mesma rua. Dez haviam pertencido anteriormente a um mesmo terreiro, sendo que dois desses faziam parte do grupo de vizinhos. Três dos vizinhos freqüentavam terreiros distintos e apenas um não freqüentava terreiro algum. Todos eles, antes de abrirem o terreiro estudado, consultavam-se com a mãe-de-santo Maria Aparecida. A maioria do grupo havia freqüentado o mesmo terreiro, alguns há muitos anos, mas nenhum tinha posição de destaque na hierarquia desse terreiro de origem, o terreiro da rua do Bispo.

Com o afastamento da mãe-de-santo, quatro pessoas do grupo original de fundadores saíram do terreiro estudado e voltaram para o terreiro de origem. Mas com a vinda do novo pai-de-santo, sete novos médiuns entraram — cinco do próprio bairro que, indo ao terreiro, resolveram ficar; um deles participava de um terreiro vizinho e dois eram conhecidos de um dos médiuns do grupo inicial.

O terreiro passou, portanto, por três fases na composição de seus médiuns. A primeira com 14 médiuns (nove mulheres e cinco homens, sem incluir a mãe-de-santo). A segunda com 17 médiuns (13 mulheres e quatro homens). A terceira com 15 médiuns (12 mulheres e três homens). Nestas duas últimas fases havia ainda o pai-de-santo, Pedro. No total, desde a inauguração, 22 médiuns freqüentaram a "Tenda Espírita Caboclo Serra Negra".

Os médiuns tinham as seguintes ocupações: estudante universitário, datilógrafo, camelô, manicura, dobradora de roupa em tinturaria, vendedor, confeiteiro, *boy*, enfermeira e empregada doméstica. A primeira mãe-de-santo vivia apenas do dinheiro das consultas dadas nas casas de pessoas conhecidas. O pai-de-santo era pedreiro em uma escola.

A clientela era composta, na sua maioria, por pessoas modestas do bairro: empregadas domésticas, donas-de-casa, motoristas de ônibus, vendedores de loja etc. Havia uma parte bastante numerosa da clientela formada por familiares e amigos dos médiuns. O terreiro era também freqüentado por pessoas de posição social mais elevada, como, por exemplo, uma dona-de-casa de Copacabana, um português dono de loja e um despachante. Algumas delas chegavam de carro para consultar-se e outras raramente apareciam. A grande maioria dos clientes era composta de mulheres.

O grupo classificava a hierarquia que organizava o terreiro em duas categorias: a hierarquia espiritual* e a hierarquia material*. A hierarquia espiritual era composta dos seguintes postos pela ordem de importância:

Pai ou *Mãe-de-santo*: chefe espiritual do terreiro, zelava pela unidade* e mediunidade* de seus filhos. O pai-de-santo era responsável pelos médiuns e pela clientela, ensinava as leis da umbanda, comandava as sessões e os trabalhos.

Mãe-pequena: auxiliar do pai-de-santo durante as sessões. Era responsável pelo dinheiro recolhido nas consultas e pela compra de itens rituais, como velas, charutos, cigarros etc.

*Samba**: auxiliar da mãe-pequena. Ajudava os clientes durante as consultas, anotando o que os guias prescreviam ou traduzindo algumas palavras por eles pronunciadas de maneira confusa.

Médiuns: deviam obediência aos postos superiores da hierarquia material e espiritual. Alguns médiuns eram, às vezes, escolhidos para tomar conta da assistência, não permitindo a entrada de pessoas alcoolizadas e auxiliando no que fosse preciso.

A hierarquia material era composta dos seguintes postos:

Presidente: chefe material do terreiro. Zelava pelos problemas que surgissem na casa, como pagamento de contas, arrumação, consertos de coisas quebradas etc. Tinha também de arrecadar dinheiro para o pagamento do aluguel, e era o locatário da casa.

Sócios: contribuíam com uma mensalidade e auxiliavam o presidente. Todos os médiuns eram sócios e havia uma mensalidade estipulada para eles. Mas havia também outros sócios que não eram médiuns, dois deles eram mais prósperos e por isso contribuíam com mais.

Embora os membros do grupo empregassem sempre essa classificação em termos de hierarquia espiritual e material, havia certa ambigüidade na delimitação das funções de cada um desses postos. O presidente, por exemplo, também zelava pelos médiuns, verificando se chegavam na hora certa, e pela clientela, controlando a relação entre homens e mulheres na assistência. Isso, de certa forma, entrava em choque com as atribuições do pai-de-santo.

Embora em todos os terreiros haja uma hierarquia, existem variações entre elas (Lapassade e Luz, 1972). No terreiro estudado não havia ogã*, função preenchida por um sócio, marido de uma das médiuns. O novo pai-de-santo reclamava muito desse sócio, pois dizia que ele não sabia bater*. Algumas vezes era ele que ia até o atabaque* e passava algum tempo tocando.

Os postos hierárquicos do terreiro estudado foram distribuídos duas vezes: uma pela primeira mãe-de-santo, que escolhera Mário para presidente, Marina para mãe-pequena e Carmen para samba, e outra pelo pai-de-santo que a sucedeu confirmando todos os postos, com exceção do lugar de mãe-pequena, para o qual escolheu Sônia.

O terreiro estudado era filiado à Congregação Espírita Umbandista do Brasil — Âmbito Nacional. A mãe-de-santo, Maria Aparecida, e o presidente, Mário, fizeram a inscrição nesta congregação e seus nomes figuravam como responsáveis pelo terreiro no certificado de funcionamento que a congregação concedeu ao terreiro. Tal filiação, no entanto, não significava que a congregação tivesse algum tipo de controle sobre o terreiro, que nunca foi visitado por nenhum membro dessa entidade, e os médiuns não lhe deviam nenhuma obrigação. O certificado era, a meu ver, necessário para legitimar o terreiro perante os órgãos policiais.

O velho sobrado onde se localizava a Tenda Espírita Caboclo Serra Negra estava situado no final de uma rua importante do bairro do

Andaraí. A iluminação dessa parte da rua era precária e o quarteirão tinha vários sobrados ocupados por lojas no primeiro andar. O segundo andar de alguns deles era habitado por famílias. À noite, com a rua mal iluminada e apenas algumas luzes acesas nos sobrados vizinhos, o terreiro destoava, com o batuque dos tambores e a sala do gongá* muito iluminada.

O primeiro andar do sobrado onde o terreiro estava instalado não era ocupado. Subindo-se por uma escada estreita chegava-se à sala da assistência*, relativamente pequena, com 4m de largura por 4m de comprimento. As paredes, pintadas de rosa, eram nuas, com apenas duas reproduções de Jesus Cristo e o certificado da Congregação pendurados. Quatro bancos de madeira, pintados de branco, ocupavam a sala inteira, deixando apenas uma passagem de circulação da cozinha para a sala do gongá. Entre as duas últimas fileiras de bancos havia um espaço maior para permitir o acesso a um pequeno quarto que ficava em frente à escada.

Quem entrasse na sala da assistência, pela escada, via à direita uma porta que dava para a cozinha e uma janela que se abria para uma pequena área e, à esquerda, a sala do gongá. Nessa pequena área, com cerca de 3m de largura por 3m de comprimento, havia a casa de exu* e a casa das almas*, dois pequenos barracões de madeira cobertos com folhas de zinco. A casa de exu, dos compadres*, era pintada de vermelho, tendo 1m de largura por 1,5m de comprimento e altura. A casa das almas, do "povo do cemitério"*, era pintada de branco e ligeiramente menor que a outra. Na casa de exu havia algumas imagens de cerâmica pintadas, como a de uma pomba-gira* — "a ciganinha* de Mário", de seu Sete Encruza* e de exu Mangueira*. Esta última estava colocada na entrada do terreiro, num nicho logo perto da porta, e depois da vinda do novo pai-de-santo foi trazida para a casa de exu. Essas imagens eram compradas pelos próprios médiuns e não com o dinheiro das consultas, como no caso dos outros itens rituais. Na casa das almas havia uma imagem de Obaluaê*, uma pequena cruz de madeira branca e sempre uma tigela com pipocas.

A sala da assistência comunicava-se com a sala do gongá através de dois arcos. A passagem se fazia por um dos arcos, onde existiam duas tábuas de madeira, de aproximadamente 50cm de altura, presas de um lado e de outro do arco, permitindo a passagem para a sala do gongá sem atrapalhar a visão da assistência. O outro arco era também fechado por duas tábuas fixas que impediam a passagem, mas permitiam a visão.

A sala do gongá tinha cerca de 7m de comprimento por 3m de largura, estendendo-se perpendicularmente à sala da assistência. Seu teto era coberto por pequenas bandeiras de papel colorido. À direita da porta, por onde se entrava nesta sala, ficava o gongá e à esquerda havia um banco reservado para os convidados "importantes". Na parede em frente à porta de entrada havia duas janelas voltadas para a rua, permitindo a boa iluminação da sala. Debaixo da janela mais próxima do gongá ficavam dois tambores, um pequeno e outro maior, e dois bancos para os tocadores. Entre essas duas janelas havia uma porta que se abria para um pequeno balcão.

Perto do gongá ficavam uns sete bancos pequenos de madeira onde os médiuns se sentavam para dar consulta. Esses bancos, tocos*, dispunham-se em dois semicírculos à direita e à esquerda do gongá. À esquerda deste também havia uma mesa mais baixa, construída depois da vinda do novo pai-de-santo. Em cima da mesa, antes das sessões, acendiam-se as velas e colocavam-se os copos com água para os anjos da guarda* dos médiuns. Antes da construção da mesa, as velas eram acesas no parapeito das janelas. Debaixo da mesa, coberta por um pano, guardava-se o dinheiro das consultas e diversos itens rituais: charutos, velas, pembas* etc.

O gongá era uma mesa alta e larga com 1m de altura e com cerca de 1m de comprimento por 60 cm de largura. Era coberta por um pano azul-claro sobre o qual se colocava outro de renda branca que descia até o chão. Acima dessa mesa havia duas prateleiras. Na primeira ficavam as imagens de Iemanjá, Iansã e mamãe Oxum. Na segunda, vasos de flores e a imagem do Sagrado Coração de Jesus, de cerâmica, com os braços abertos e caídos para baixo e com um coração vermelho em alto-relevo. Em volta desse Cristo, o Oxalá, havia um círculo de pequenas lâmpadas azuis. Em cima da mesa, do lado direito, uma imagem de seu Serra Negra, o caboclo que dava nome ao terreiro e, do lado esquerdo, uma imagem de são Jerônimo, o Xangô. Havia outras imagens entre estas duas, como a de Nossa Senhora Aparecida, pequena e de plástico, a de são Jorge em seu cavalo, o Ogum, também pequena, e ainda duas de pretos-velhos — Vovó Luísa* e o Velho Caetano da Bahia*. Vovó Luísa foi retirada depois, assim como uma pequena imagem de um exu menino*, preto e acocorado. Esse exu menino foi colocado perto da casa de exu, onde improvisaram uma pequenina casa com dois tijolos cobertos por um papelão. O gongá devia sempre ter uma luz acesa, mesmo durante a noite, quer de vela, quer luzes azuis, para "não deixar os santos no escuro", como me explicaram.

Na cozinha havia uma porta em frente a um pequeno banheiro e outra que dava para a área onde estavam as casas de exu e das almas. Havia problemas com a água, pois canos e ralos estavam sempre entupidos. Com freqüência, a cozinha e a área ficavam alagadas, obrigando os médiuns a passar muito tempo com uma lata e um balde para retirar a água e usando arames para tentar desentupir os ralos. Sentia-se sempre um cheiro de gordura e de podre, pois a caixa de gordura ficava debaixo da pia e, às vezes, transbordava. Havia na cozinha um fogão, uma pia e uma mesa onde eram colocados copos, xícaras, café e açúcar. Debaixo da mesa, coberta por um plástico até o chão, guardavam-se outros itens rituais como incenso, carvão, dendê, restos de velas e também alguns mantimentos.

O quartinho que ficava em frente à escada tinha aproximadamente 3m de comprimento por 1,5m de largura. Nele os médiuns trocavam de roupa, que penduravam em pregos na parede. Havia um tanque, que não era utilizado, e uma cama, sobrando pouco espaço para as pessoas ali circularem. Nesse quarto dormia o pai-de-santo, que para lá se mudou logo depois de ter assumido a chefia do terreiro.

O terreiro foi sendo modificado durante sua curta existência. O chão, de início sem cera, um dia foi raspado e encerado por alguns médiuns. Os bancos de madeira foram substituídos por cadeiras, doadas por um amigo do presidente; em número maior, permitiam que mais pessoas pudessem assistir às sessões sentadas. Novas imagens foram sendo compradas e uma pequena caixa de madeira foi pendurada numa das paredes da sala da assistência para que nela fosse depositado o dinheiro das consultas.

Havia uma grande flexibilidade no uso da casa e dos itens rituais. Quando chovia, a consulta dos exus se fazia dentro da sala do gongá e não perto da casa de exu, como habitualmente. Não tendo pemba de cor branca para "riscar os pontos"*, riscava-se com pemba de outra cor. Não havendo número suficiente de velas, acendiam-se apenas uma ou duas para todos os anjos da guarda dos médiuns e não uma para cada. Algumas vezes não se cobria o gongá com o pano na "hora dos exus"*, como se fazia mais freqüentemente. Às vezes escalava-se um médium para tomar conta da entrada, outras vezes não. No entanto, apesar dessa flexibilidade, notava-se a preocupação em marcar, ritualmente, cada parte da casa: separando uma sala da outra, colocando os exus do lado de fora e procurando seguir sempre um mesmo padrão nas seqüências das sessões. Uma das preocupações do presidente e do pai-de-santo referia-se ao fato de que os bancos da assistência deveriam estar separados em dois grupos, um para homens e outro para mulheres, a fim de impedir "liberdades". Mas quando não havia espaço, homens e mulheres misturavam-se na assistência.

Os limites do terreiro não terminavam, no entanto, nesse sobrado. A mata, a cachoeira, a praia, a encruzilhada e o cemitério eram seus limites espaciais máximos. O grupo sob a chefia do pai-de-santo aí realizava alguns rituais como sacrifícios denominados obrigações*. Nesses locais, com exceção das encruzilhadas, eram também realizados rituais em que os orixás desciam* em seus cavalos.[5] Cada um desses lugares era associado a um grupo de orixás: a cachoeira a mamãe Oxum, a mata aos caboclos, a praia a Iemanjá, a encruzilhada a exu e o cemitério a Obaluaê. Durante a vida do terreiro quatro rituais foram efetuados nesses locais: antes da inauguração, logo após, depois do afastamento da mãe-de-santo e quando o conflito entre o pai-de-santo e o presidente se agravou.

Alguns itens rituais, depois de usados, não podiam ser lançados em qualquer lugar, porque, como me explicaram, poderiam ser utilizados por pessoas que quisessem fazer trabalhos contra o terreiro. Por isso, as pontas de charutos e de cigarros, restos de velas e a água dos copos eram jogados na mata. Em analogia ao espaço sagrado da mata um vaso de plantas, na sala da assistência, era utilizado para depositar a água.

No terreiro, propriamente, realizavam-se três tipos de rituais distintos: as consultas, o desenvolvimento* e as sessões de domingo — a gira*. Não houve nenhum ritual dedicado especialmente a um único orixá.

As consultas eram realizadas às segundas e sextas-feiras: segundas para caboclos e pretos-velhos; sextas para exus. As pessoas consultavam-se com os guias, não com os médiuns. Nesses dias não se batia tambor e os médiuns antes de começar a consulta iam até o gongá, "batiam cabeça"*, colocando a testa em cima da mesa e batendo levemente três vezes, para a esquerda, direita e depois de frente. Depois disso, concentravam-se*, uns de pé em frente ao altar, outros sentados nos tocos. A concentração consistia em ficar alguns segundos em silêncio para logo começar a entrar em transe. O tempo para iniciar o transe não era igual para todos — uns demoravam mais, outros menos. Também não ocorria da mesma forma: os que estavam sentados enrijeciam o corpo e começavam a balançá-lo para a frente e para trás, e os que ficavam em pé enrijeciam também o corpo, mas tremiam da cabeça aos pés até que o santo incorporasse*. Sentados ou em pé, depois desse movimento surgia a figura do santo, logo reconhecida por ter características bem marcantes. O preto-velho, por exemplo, era uma figura encarquilhada, andando com dificuldade e falando muito atrapalhado. Depois que o santo incorporava, iam sentar-se nos tocos e iniciava-se a consulta.

Os clientes eram encaminhados para falar com os guias pela mãe-pequena, que antes recolhia o dinheiro do consulente, uma quantia de cinco cruzeiros para cada consulta. Os clientes entravam na sala do gongá sem sapatos. Alguns faziam um cumprimento diante do gongá, curvando ligeiramente o corpo para baixo e depois dirigiam-se ao guia com quem desejavam falar. Cumprimentavam o guia com o abraço ritual (encosta-se o ombro direito no ombro direito do médium e depois o esquerdo no esquerdo do médium). Geralmente o guia iniciava a consulta perguntando como ia a pessoa e logo depois seu nome, quando não era conhecida. O cliente, então, começava a contar o problema que o levara à consulta.

Nem todos os médiuns incorporavam guias que davam consulta. Apenas Mário, o presidente; Pedro, o pai-de-santo; Marina, Carmen, Manuel e d. Jandira. Mais tarde, a irmã de Pedro, Josefa, passou também a poder dar consulta com seu preto-velho. As técnicas usadas nas consultas por cada um dos guias dessas pessoas variavam.

O pai-de-santo jogava búzios*, às vezes incorporado, outras vezes não. Mário, quando recebia sua pomba-gira, botava cartas* e lia a mão*. Os guias de Carmen apenas conversavam com os clientes e costumavam, mais do que os outros, descarregar* as pessoas, ou seja, afastar dela os maus fluidos. Costuma-se dizer que a pessoa está carregada, quer dizer, com problemas causados por feitiço, olho grande* ou pelos orixás e que precisam ser descarregadas. É um ato de purificação que o guia faz, passando a mão pelo corpo do cliente e puxando suas mãos com força para baixo. Marina costumava mandar os clientes guardarem a guimba de seus charutos ou, então, fumá-los, para abrir seus caminhos, isto é, para melhorar a vida deles. Manuel recebia uma preta-velha bastante procurada pelos clientes e prescrevia banhos de ervas* também para abrir os caminhos das pessoas. Os guias de d. Jandira também receitavam esses banhos.

Os clientes, muitas vezes, procuravam vários guias num mesmo dia. Além dessa clientela irregular, cada médium tinha sua clientela fixa que, quanto maior fosse, maior prestígio lhe dava no terreiro e maiores, também, os comentários sobre ele. Mário e Manuel possuíam maior número de clientes fixos, especialmente para consultar-se com a pomba-gira do primeiro e a preta-velha do segundo. Em média dez pessoas procuravam regularmente esses dois guias. Pedro, o pai-de-santo, tinha também uma clientela grande, mas alguns médiuns tentavam desprestigiá-lo, dizendo: "É tudo gente da família dele." Isso significava uma importância menor diante da clientela dos outros, que era composta de um número maior de não-parentes.

O início da sessão de consultas era marcado para as 18 horas, mas sempre começava mais tarde e terminava, às vezes, de madrugada. Era grande o número de pessoas que afluíam ao terreiro nesses dias. Com freqüência os clientes já tinham ido embora mas os médiuns continuavam recebendo guias. O pai-de-santo, principalmente, dizia sempre ter passado a noite inteira trabalhando. Esses trabalhos eram feitos para resolver os problemas dos clientes, pois nem sempre era suficiente apenas prescrever-lhes obrigações como acender velas nas encruzilhadas. Os guias tinham também de fazer outros trabalhos, dentro do terreiro, às vezes exigindo a presença do cliente, outras vezes não.

Os clientes contavam aos guias os mais variados problemas, relativos a si mesmos ou a pessoas próximas. Em geral era difícil ouvir o que conversavam porque falavam baixo. Mas pude recolher uma pequena lista desses problemas: doenças; problemas com marido, mulher ou namorado; problemas de emprego (geralmente pessoas que estavam para conseguir um emprego novo ou uma promoção); problemas com filhos (mães tentando impedir um namoro da filha ou tentando conseguir um marido ou namorado para ela). Numa consulta que pude ouvir integralmente, uma empregada doméstica falava sobre a acusação de roubo que lhe tinha sido feita na casa de seus patrões. O pai-de-santo, jogando os búzios, indicou o possível ladrão, depois de ter perguntado sobre todas as pessoas que moravam na casa. A indicação era ambígua, pois o nome da pessoa não era dito. Mas a empregada saiu dizendo: "Eu sabia que era ele." O pai-de-santo mandou que a moça voltasse para fazer um trabalho que resolveria o caso.

Mas os clientes não levavam apenas problemas, muitas vezes vinham só conversar com os guias (geralmente pessoas que faziam parte da clientela fixa do médium), ou levar presentes para eles. Outras vezes, vinham tomar passe*, o guia apenas descarregava a pessoa, passando a mão pelo corpo.

As consultas, como as percebi, não eram uma conversa com um *medicine man*, como muitas vezes se disse. Os clientes não procuravam os guias só para a cura de doenças e, quando o faziam, diziam que já "tinham corrido muitos médicos e eles não tinham dado jeito". Havia, inclusive, uma classificação de doenças feita pelos guias e uma das classes de doença era "doença de médico". Ao lado disso, os guias muitas vezes não receitavam nada, apenas conversavam e diziam coisas como: "Vou protegê você" ou "Vou protegê seus caminhos". Às vezes zombavam e riam dos clientes como, por exemplo, de uma senhora que, já mais velha, trazia problemas de namoro e o guia disse alto e rindo: "Imagine, ela só gosta de moço, velho não", fazendo a senhora rir também.

Observei que os guias mais procurados eram os pretos-velhos e pretas-velhas, exus e pombas-giras. Vi poucas vezes um caboclo dando consulta. Entre esses guias mais procurados estavam aqueles cujos cavalos eram homens e os guias femininos, como a pomba-gira de Mário e a preta-velha de Manuel. A clientela destes últimos era composta por um maior número de pessoas que não conheciam os cavalos e iam procurar os guias[6].

As consultas eram impressionantes por sua eficácia simbólica e seria importante aprofundar mais o estudo desse tipo de ritual neste aspecto. Por que, por exemplo, essas figuras ambíguas de Mário e Manuel eram as mais procuradas? Como são manipulados os símbolos? A meu ver existem dois níveis de análise: um referente aos modelos representados pelos guias e outro referente ao que é dito pelo guia. Como são feitas as perguntas e como são dadas as respostas? Mas a complexidade do assunto exigiria um estudo à parte, que não cabe no objeto que me propus analisar.

O segundo tipo de ritual realizado no terreiro era o desenvolvimento. O dia estipulado para o desenvolvimento era quarta-feira, de início quinzenalmente, passando depois a ser realizado a cada semana e, no último mês, voltando a ser quinzenal.

O desenvolvimento era uma aula, nas palavras do pai-de-santo, que iniciou uma delas dizendo: "Hoje é dia de desenvolvimento. Não é só para desenvolver os guias. É uma aula; é para vocês saber riscar um ponto, saber o que é um tambor, uma vela e pra que serve. É pra vocês aprender as coisas da lei."

Todos os médiuns eram obrigados a comparecer nesse dia. O pai-de-santo iniciava os trabalhos fazendo uma breve preleção, quer dando uma explicação, quer repreendendo os médiuns pelos erros cometidos na semana: atrasos, problemas de freqüência ou falta de responsabilidade. Os médiuns ouviam sentados nos tocos ou em pé. Depois, o pai-de-santo mandava começar a "bater" e os médiuns, de pé, formavam dois semicírculos, de um lado e de outro do altar, homens à direita e mulheres à esquerda. Começavam a cantar os pontos dos orixás e os dois semicírculos transformavam-se em uma roda que ia girando, enquanto pouco a pouco os médiuns entravam em transe. Iniciava-se, então, o desenvolvimento dos guias, que consistia em fazer com que o médium fosse controlando e dando forma a seus guias. O desenvolvimento dos guias era um exercício que consistia em fazer com que o médium, com os pés fixos no chão, controlasse o transe. Enquanto isso, o pai-de-santo gritava: "Firma*, firma..." e dizia o nome do guia que estava sendo incorporado. O médium ia controlando os movimentos do corpo e, então, sem que caísse no chão ou ficasse desequilibrado, ia-se delineando a figura de um guia.

Esses exercícios eram feitos com todos os médiuns, mas especialmente com os que estavam começando — novos no santo. Muitas vezes o pai-de-santo pedia a um médium já mais desenvolvido, e em estado de possessão, que ajudasse outro mais novo. O primeiro segurava as mãos do segundo e gritava o nome do seu guia em seu ouvido.

Essas sessões demoravam muito tempo e muitas vezes um ou outro médium "passava mal"*, exigindo cuidados especiais do pai-de-santo. Esse fato ocorreu mais vezes no último mês de vida do terreiro, quando o conflito entre o pai-de-santo e o presidente se agravou. Passar mal não era visto como doença. O médium podia desmaiar, vomitar etc., mas esses males eram provocados por feitiço (coisa feita*), olho grande ou pelos próprios guias do médium.

Num desses dias de desenvolvimento, vi um guia surgir. A médium que estava sendo desenvolvida era uma moça que quase nunca entrava em transe e cujos movimentos, quando isso acontecia, eram descoordenados, levando-a muitas vezes a cair no chão. Nesse dia, enquanto o pai-de-santo ia dizendo "Firma", uma figura retorcida ia surgindo. A cabeça meio virada para o lado, uma das mãos para trás, a outra movimentando-se em forma de garra. Dava uivos e uma gargalhada estridente, e começou a falar, ameaçando de morte uma senhora da assistência. Esta foi até a sala do gongá e recebeu também um guia que começou a falar uma língua estranha com o guia que a ameaçava. A outra parecia entender, pois respondia, sempre ameaçando "fazer passar"* o cavalo. Disseram-me depois que aquela figura era um exu de duas cabeças* e que a tal senhora — desconhecida da médium — tinha-lhe prometido algo que não cumprira. A senhora, uma negra aparentando 35 anos, tinha um terreiro e era a primeira vez que ia ao Caboclo Serra Negra. Enquanto tal cena se passava, os outros médiuns pareciam nervosos e agitavam-se de um lado para o outro. O pai-de-santo procurava acalmar o exu de duas cabeças que pela primeira vez descia naquela terra. O desenvolvimento parecia uma aula de preparação de ator para que representasse bem um papel. Mas essa "aula" diferia da outra pela violência simbólica da representação dos atores. Não eram papéis que um ator de teatro representa com certo distanciamento. Eram figuras, guias, que faziam parte ou eram parte do ator em causa, o cavalo.

O terceiro tipo de ritual realizado no terreiro era a sessão de domingo — a gira. Tais sessões eram dedicadas ao trabalho com todos os orixás, permitindo que todos viessem à terra. Assim como o desenvolvimento, elas eram de início quinzenais, passando depois a semanais e, no último mês, novamente passaram a ser realizadas quinzenalmente. Deviam começar às 16 horas, mas sempre começavam mais tarde. Essas mudanças foram exigidas pelo pai-de-santo e estavam ligadas aos fatos que ocorriam no terreiro. No próximo capítulo isso será explicado.

A primeira sessão de domingo do terreiro foi realizada sob a chefia do novo pai-de-santo. Essas sessões seguiam um determinado encaminhamento que se manteve inalterado durante todo o tempo de vida do terreiro. Os médiuns descreviam a sessão, dividindo-a em duas partes: a primeira chamada de "dar firmeza ao terreiro"* e a segunda que se relacionava com a "chamada dos orixás"*.

A firmeza do terreiro iniciava-se com o pai-de-santo riscando um ponto de Ogum debaixo do altar e outros dois pontos riscados* em dois cantos da sala da assistência e da sala do gongá. Os pontos riscados são as insígnias de cada orixá (o símbolo de cada orixá, como me disse Mário). Eram feitos da seguinte forma: traçava-se um círculo com giz (a pemba) no chão, dentro do qual desenhavam-se sinais como cruzes, espadas etc. Em cima de cada ponto riscado eram colocados um copo com água e uma vela. Riscavam-se ainda pontos na casa das almas e de exu e na porta de entrada do terreiro. Enquanto isso, os médiuns acendiam suas velas ao lado de um copo com água para seus anjos da guarda. Depois, vestidos de branco, ficavam "em forma"*, ou seja, dispostos em dois semicírculos, mulheres do lado esquerdo e homens do lado direito do gongá. O pai-de-santo colocava-se de costas em frente a este, e a mãe-pequena a seu lado. O tambor começava a tocar sob as ordens do pai-de-santo, que iniciava o ponto de defumação*. Enquanto isso a mãe-pequena ia com o defumador* purificando cada um dos médiuns, o gongá, os cantos das salas do gongá e da assistência (inclusive a porta que dava passagem de uma sala para a outra) a entrada da escada para a sala da assistência, para a área, a casa de exu e das almas, a porta que dava entrada para esta área e a entrada do terreiro. Algumas vezes defumava, um por um, todos os assistentes, que deviam ficar de frente para o defumador com os braços abertos e voltados para baixo e depois dar-lhe as costas. Algumas pessoas, quando de frente, faziam um gesto como se estivessem lavando as mãos na fumaça.

Cantava-se depois o ponto da encruza* enquanto a mãe-pequena fazia com uma pemba branca uma cruz nas palmas e nas costas das mãos de cada médium e algumas vezes de cada assistente. Entregava depois a pemba ao pai-de-santo. Este desenhava cruzes nas mãos da mãe-pequena e nas suas, voltava-se para o altar e fazia uma genuflexão, marcando ao mesmo tempo uma cruz no chão. Isto feito, era cantado o ponto de abertura da gira*, enquanto a mãe-pequena pegava uma pemba e retirava um pedaço que levava para a casa das almas, de exu e para a porta do terreiro. Em seguida os médiuns ajoelhavam-se e com uma das mãos no chão cantavam um ponto de louvor a Jesus e à Virgem Maria e o tambor não tocava. Cantavam um ponto de abertura dos trabalhos*, salvando* Oxalá, e ainda outro para pedir a são Jorge que firmasse o terreiro.

Passava-se ao ponto de bater cabeça* e um por um os médiuns deitavam-se em frente ao altar e batiam a cabeça três vezes no chão, para a direita, para a esquerda e para a frente. Levantavam-se e batiam mais três vezes com a testa no gongá, deitavam-se novamente (repetindo o gesto que fizeram diante do altar) diante da mãe-pequena e depois em frente ao pai-de-santo, os quais faziam um leve aceno mandando que se levantassem. Quando todos os médiuns terminavam esses gestos, a mãe-pequena fazia o mesmo. O pai-de-santo não se deitava em frente ao altar; batia apenas a testa no gongá e depois ajoelhava-se diante dele e beijava o pano que o cobria. Ajoelhava-se novamente diante da mesa onde ficavam as velas para os anjos da guarda e beijava também a toalha que a cobria. Virava-se depois para os médiuns e, diante de cada um, batia a mão três vezes no chão em forma de cruz. Voltava-se, finalmente, para a assistência e cumprimentava-a levantando os braços para cima com as palmas das mãos viradas para a frente.

Iniciava-se então a segunda parte da sessão, com a chamada de todos os orixás. Os médiuns formavam um círculo que girava ao mesmo tempo em que eles dançavam, rodando em torno de si mesmos balançando os braços e batendo palmas. Havia uma ordem de chamada dos orixás: iniciava-se com os caboclos, seguidos de Ogum, exu, Xangô, Iemanjá, mamãe Oxum, pretos-velhos e, finalmente, crianças. Em cada uma das chamadas cantavam-se os pontos dos guias de todos os médiuns, que iam, um a um, entrando em transe, recebendo seus guias. Quando terminavam todos os pontos dos caboclos, por exemplo, cantava-se o ponto de subida* de cada um deles e pouco a pouco os médiuns iam saindo do transe. Assim se dava para todos os orixás: primeiro a chamada, depois a subida. A mãe-pequena geralmente puxava os pontos* e, quando um médium começava o transe, batia uma campainha e gritava o nome do guia do médium, até que a possessão propriamente dita ocorresse.

A ordem da chamada dos orixás podia variar um pouco; mas sempre era iniciada com os caboclos. Às vezes chamavam-se os exus, logo depois dos caboclos e depois, então, os outros. Algumas vezes deixavam de chamar Xangô ou Iansã. Fazia-se, então, uma pausa e os médiuns iam para a sala da assistência conversar com os amigos ou parentes que lá estivessem. As mulheres iam para a cozinha e serviam café, bolo ou sanduíches para a assistência. Essa pausa durava cerca de 20 minutos, quando a sessão era reiniciada.

Na hora da chamada dos exus, geralmente colocava-se um pano sobre as imagens do altar e ninguém podia sair do terreiro. A sessão demorava mais na hora dos exus e pretos-velhos e nesse momento ficava mais "animada". Na hora das crianças, os meninos e as meninas da assistência participavam, entrando na sala do gongá, recebendo bala e bolo dos guias. O terreiro ficava cheio de papel de bala e de pedaços de bolo. Quando chamavam Ogum, um dos médiuns ia até o altar e riscava seu ponto.

A sessão terminava com todos os médiuns batendo cabeça, desta vez só em frente ao altar. O pai-de-santo, então, os liberava.

Cada uma das entidades usava determinados objetos rituais: charutos e cigarros de palha para os caboclos; cachimbo e vinho para os pretos-velhos e cachaça — marafo* — para os exus. As crianças bebiam guaraná e algumas traziam chupetas, bonecas ou outros brinquedos. As bebidas eram servidas no coité* e os médiuns, incorporados, iam às vezes até a assistência oferecer sua bebida. Mãe-pequena e samba auxiliavam os médiuns.

Cada entidade tinha uma representação corporal, voz ou gritos específicos. Os exus falavam palavrão e as pombas-giras faziam gestos obscenos, masturbando-se ou chamando os homens. Os pretos-velhos sentavam-se nos tocos ou andavam curvados. Iansã e Iemanjá ofereciam bebida em cálices para a assistência. Todos os orixás apresentavam suas danças específicas para a assistência e cumprimentavam-na com o abraço ritual.

Esta era a ordem de seqüência dos trabalhos, mas as sessões de domingo nunca se realizavam sem que houvesse incidentes que serão narrados no próximo capítulo.

Houve mudanças na atitude dos médiuns e na própria vivência das sessões durante o período de vida do terreiro. Falarei sobre dois momentos bem marcantes. O primeiro, que vai do afastamento da mãe-de-santo até o início do conflito entre o pai-de-santo e o presidente e o segundo, daí até a última sessão de domingo.

Durante o primeiro período, os médiuns realizavam as sessões em ambiente de euforia. Todos chegavam cedo no terreiro e a sessão estendia-se noite adentro. A mãe-pequena, quando tocava a campainha perto do médium que iniciava o transe, sorria para ele. Os orixás cumprimentavam a assistência muitas vezes, levantando os braços e abraçando um ou outro cliente. Quando abraçavam diziam frases como: "Vou protegê chucê" ou "Chucê é formosa", ou ainda "Chucê vai bem?" Ofereciam bebidas aos clientes e havia maior movimentação dos médiuns incorporados entrando e saindo da sala do gongá.

Havia consulta na hora dos exus, pretos-velhos e caboclos. Esta hora era ao mesmo tempo tensa e confusa. Os médiuns possuídos iam para perto da casa de exu e davam consulta. Alguns assistentes logo se encaminhavam seguros, outros iam devagar com uma expressão de medo e espanto. Principalmente, na hora dos dois primeiros o terreiro ficava em rebuliço, com pessoas entrando e saindo da sala do gongá. Como tinham de tirar os sapatos para entrar nesta sala, ficava difícil a passagem com tantos pares de sapatos amontoados perto da porta. Os exus falavam alto, dizendo palavrões e os clientes apenas riam, sem se importar, pois eram os guias que estavam falando. Nessa hora, só o tambor tocava e um ou outro médium que ainda não recebia cantava os pontos[7]. Os clientes levavam presentes para os guias e estes conversavam longamente com eles sem se preocupar com o tempo.

O único médium que passava mal era a primeira mãe-pequena e era sempre ajudada por seus pares. Algumas pessoas da assistência, principalmente mulheres, entravam num transe desordenado e os médiuns iam até elas e levavam-nas para a sala do gongá, onde o pai-de-santo as ajudava a sair do transe ou a receber o guia. Às vezes aparecia um bêbado — era proibida a entrada de pessoas alcoolizadas no terreiro — e a sessão custava a terminar, pois tinham de fazer trabalhos para limpar a casa*.

Todos os médiuns tinham o mesmo papel na sessão, ou seja, recebiam, dançavam e davam consulta. Os pontos para os guias de cada médium não seguiam a ordem de importância na hierarquia, dependiam da vontade da mãe-pequena ou do pai-de-santo[8]. Este, mesmo estando incorporado, dirigia a sessão mandando cantar os pontos, dizendo a hora em que os orixás deviam subir* e resolvendo os problemas que surgiam. Recebia muitos orixás e gostava de bater o tambor quando percebia que o ritmo do ogã improvisado estava atrapalhando os trabalhos. No intervalo para descanso havia muita conversa, não só entre os médiuns como entre eles e as pessoas da assistência.

No segundo período, como o presidente exigira que as sessões terminassem mais cedo, não se permitiam mais consultas. Assim, a participação da assistência no ritual diminuiu. Os cumprimentos e oferecimentos das bebidas aos clientes também diminuíram. O pai-de-santo passou a receber apenas seu preto-velho e houve sessões em que não recebeu nem este. Os médiuns tinham mais dificuldade de entrar em transe e muitos passavam mal, inclusive o pai-de-santo. A mãe-pequena não sorria mais para chamar os guias dos médiuns no início do transe e ela mesma não incorporava mais nenhum guia. Os médiuns começaram a demorar para chegar no terreiro e muitos começaram a faltar às sessões.

A diferença fundamental, no entanto, foi a mudança do papel do presidente nas sessões. Não era mais um dos médiuns, obedecendo às ordens do pai-de-santo; passou a ficar a sessão inteira incorporado, com sua pomba-gira, para segurar a gira, distinguindo-se, portanto, dos outros médiuns. Essa mudança ficará mais clara no próximo capítulo.

Minha própria participação nesses dois períodos sofreu algumas alterações. Na primeira sessão de domingo, alguns médiuns me perguntaram se eu não queria me consultar. Não aceitei, pensando participar apenas como observadora. Mas isso não durou nem essa sessão. Quase no final o pai-de-santo, incorporado com seu preto-velho, chamou-me para a sala do gongá. Tirei os sapatos, como os outros assistentes, e fui até ele. Abraçou-me como fazia com todos, olhou-me nos olhos e disse: "Alguém está com olho grande na senhora... Sabe o que é olho grande? É pior que um feitiço." Perguntou-me se eu acreditava "no deus da Igreja" e respondi que não. "É crente?" Respondi negativamente e disse que não acreditava em nenhuma religião, mas respeitava todas. Disse ele então: "Respeita? Então vá a uma igreja de são Jorge e quando o padre tiver rezando, peça a Deus que abra seus caminhos." Mandou que eu voltasse no dia seguinte para fazer uma consulta com ele. Com isso não deixou que eu ficasse numa posição diferente do restante das pessoas e mostrou que, com seus conhecimentos, podia saber muito a meu respeito, colocando-me, assim, na sua dependência, mandando que eu voltasse para a consulta. Eu era pesquisadora, tinha estudo, mas ele sabia as coisas do santo e, portanto, sabia coisas que eu não podia saber.

Na sessão seguinte chamou-me para bater cabeça como os médiuns e sentar no banco reservado a pessoas importantes. Deu-me uma flor de um vaso do gongá e pediu desculpas por não ter podido me dar atenção.

Esses dois fatos fizeram-me ver que é impossível estar num terreiro, durante a sessão de domingo, e não ser, de uma forma ou de outra, um participante.

No segundo período, não tive essas atenções, mas mesmo assim não deixei de participar, como os outros assistentes, recebendo abraços, saudações e descargas.

CAPÍTULO II

O drama

Ogum olha sua bandeira.
Oh, ela é branca é verde é encarnada.
Ogum nos campos de batalha,
Ogum venceu a guerra
Sem perder soldado.

Ponto cantado de Ogum,
o vencedor de demanda*

Meu objetivo, neste capítulo, é descrever o nascimento, a vida e a morte da Tenda Espírita Caboclo Serra Negra. No decorrer da pesquisa fui percebendo que as crises, os conflitos e os incidentes que ocorriam no terreiro seguiam certo padrão de desenvolvimento. Nada acontecia por acaso, mas era difícil a tarefa de analisar e entender como e por que aconteciam. Os estudos existentes sobre terreiros se preocupam mais com a função integradora da religião e menos com seus aspectos de conflito. Descrevem rituais, buscam suas origens remotas e relatam uma história das religiões afro-brasileiras num largo período de tempo. Minha preocupação era diferente; estava querendo perceber a vida de um terreiro, como era vivido seu cotidiano. Tive a oportunidade de seguir passo a passo seu ciclo de desenvolvimento. Seria impossível tentar descrever estaticamente os fatos, pois as descontinuidades, as crises e os conflitos saltavam aos olhos do pesquisador.

Uma preocupação semelhante pode ser encontrada na obra *Schism and Continuity in an African Society* (Turner, 1964), quando é elaborado o conceito de "drama social", pretendendo compreender os distúrbios e crises que ocorriam na vida social dos grupos estudados. Turner detectou um padrão de desenvolvimento nas erupções dos conflitos e deu a eles o nome de dramas sociais. Para o autor os dramas sociais têm uma lógica processual.

Segundo Turner, através do drama social

> pode-se algumas vezes ir além da superfície de regularidades sociais e perceber as contradições e conflitos ocultos no sistema social. Os tipos

de mecanismos corretivos empregados para lidar com o conflito, o padrão de luta faccionalista e as fontes de iniciativa para acabar com a crise, todos claramente manifestados no drama social, fornecem pistas valiosas sobre o caráter do sistema social." (Turner, 1964, p.xvii)

O autor aplicou o conceito no estudo de uma aldeia ndembu, uma sociedade de pequena escala, em que o sistema de parentesco provê um modelo para a análise das regularidades do sistema estudado. Ao lado disso, os limites e fronteiras nesse tipo de sociedade são mais bem definidos e é, portanto, possível estabelecer cortes mais precisos para efeito de análise.

Pretendi usar esse conceito na análise do nascimento, vida e morte do terreiro, mas houve alguns problemas que dificultaram a sua aplicação. O primeiro problema da análise de drama social no caso estudado refere-se ao fato de o terreiro estar inserido numa sociedade urbana, complexa, sendo mais difícil estabelecer suas fronteiras. O grupo que faz parte de um terreiro não tem, necessariamente, o mesmo tipo de experiência de vida. Existe, portanto, menor homogeneidade no caso do que numa aldeia ndembu. Os membros do grupo não viviam apenas no terreiro, participavam de outras atividades, usavam vários códigos e vivenciavam, muitas vezes de forma diferente, um mesmo tipo de ritual. Ao lado disso, o sistema de parentesco não servia de referencial como no caso estudado por Turner. Foi necessário lançar mão de outros tipos de referenciais, como por exemplo o sistema de estratificação social mais amplo, verificando as posições dos médiuns e da clientela.

Mas acho que a aplicação do conceito foi frutífera no sentido de verificar um padrão estrutural nas crises ocorridas. Essas crises desenvolveram-se regularmente, tendo sido possível, de certa forma, encontrar nelas uma lógica processual. Meu objetivo não foi, no entanto, o de explicar, através dessa lógica, todo o universo de grupos que participam da vida de terreiros. Pretendi apenas alcançar uma lógica para esse caso, que poderia, talvez, ser encontrada em terreiros de estrutura equivalente.

Mas o drama social, além de ser um instrumento teórico, serve de guia para a própria descrição etnográfica de um sistema em funcionamento. Nessa descrição parte-se não apenas da observação do pesquisador, mas das versões que os membros do grupo dão aos fatos ocorridos. Como diz Gluckman, no prefácio à monografia de Turner, o drama é uma nova forma de ilustrar como um grupo de pessoas *vive* num tempo e num determinado lugar dentro de uma estrutura social e usando seus costumes (in Turner, 1964, p.x).

No caso estudado, a crise surgiu no momento em que um grupo de médiuns abandonou um terreiro e, com outros, criou um novo. A abertura do terreiro já implicava a quebra de uma norma fundamental que regulava a relação entre médiuns e pai ou mãe-de-santo. Os médiuns devem obediência ao pai ou mãe-de-santo e é através disso que um terreiro se mantém. A crise se prolongou com a loucura da mãe-de-santo que abrira o novo terreiro e estendeu-se com a luta pela sucessão, através do conflito entre o pai-de-santo e o presidente. Essa crise foi expressa no sistema em questão através de uma categoria que se revelou de fundamental importância para sua compreensão: a demanda.

"Demanda é uma guerra de orixá, é uma briga de santo, uma batalha. Essa guerra, no entanto, era acionada pelos homens. Se a gente demanda, a gente pede uma coisa (aos orixás) e sabe o que é. Nós (os médiuns) sabemos como trabalhar para acabar com uma demanda." Assim disse o pai-de-santo quando me explicou o que era demanda. O significado da demanda para os membros do terreiro era este. A demanda era uma guerra de orixá, mas tal guerra estabelecia-se a partir dos homens. Um médium que tinha uma desavença ou uma questão com outro médium mobilizava seus orixás através de trabalhos, a fim de que estes causassem algum mal a seu oponente. O médium atacado mobilizava então seus orixás para defendê-lo. Assim estabelecia-se a guerra entre os orixás de cada um dos dois médiuns. Cada qual tentando desmanchar, anular os trabalhos feitos* pelos orixás oponentes. Um desses orixás vencia, e o vencedor era o orixá mais forte, aquele que conseguira proteger melhor seu cavalo.

"Demanda é uma coisa muito perigosa ... pode haver até morte", como me explicaram. Poderia ser estabelecida entre médiuns, entre uma mãe ou pai-de-santo e seus filhos, ou entre terreiros. "Uma pessoa que tá nova assim no santo, que não tem preparos ainda, ela não sabe o que é demanda ... só eles (os pais ou mães-de-santo) é quem sabe. Como uma mãe-de-santo sabe tudo sobre seus filhos, pode fazer muita coisa." Ou seja, aquele que dominasse melhor as técnicas rituais teria mais possibilidade de fazer com que seus orixás vencessem. Saberia demandar, fazer trabalhos, por conhecer mais a lei. Mas um médium que estivesse em demanda poderia pedir auxílio a um outro pai ou mãe-de-santo, a fim de poder vencer o oponente.

A categoria demanda definia uma prática mágica[1], ou seja, o processo de demandar. Esse processo era sempre iniciado com uma acusação. Acusava-se um filho-de-santo* de estar demandando contra sua mãe-de-santo, por exemplo. Começava, a partir daí, a guerra entre os orixás de cada uma das duas pessoas. A mãe-de-santo fazia trabalhos para ocasionar algum mal a seu filho. Estes trabalhos poderiam ser de vários tipos mas consistiam, basicamente, em oferendas, feitas a um orixá (geralmente um exu), através das quais se fazia o pedido. O acusado lançava mão de seus orixás para defender-se, fazendo também oferendas. Quando duas pessoas estavam em demanda, o maior perigo era o de os orixás de uma delas conseguirem prender as linhas* de algum orixá da outra. Para isso era necessário que o médium conhecesse as linhas dos orixás do oponente. A linha, como já foi dito, marca como o orixá deve trabalhar, é a sua origem*. Prendendo-se a linha de um orixá, este não poderia mais trabalhar para proteger seu cavalo. O orixá em causa ficaria preso, imobilizado, e não incorporaria mais em seu cavalo. Desse modo, o cavalo ficaria sem sua proteção, podendo ser levado à loucura ou à morte. Esse era o maior perigo de uma demanda e os médiuns afirmavam que tinham medo de ter seus guias presos.

No momento em que um médium perde o contato com um de seus guias, ou com vários deles, perde sua identidade, *como pessoa*. A identidade do médium constrói-se através de sua relação com seus orixás e é por isso que teme que seus guias fiquem presos.

Um dos médiuns do terreiro estudado, que teve seus guias presos, contou-me um dia: "Recebi meu preto-velho na sexta-feira, e ele disse pra eu não ter mais medo, que ele ia me proteger da demanda ... . Acordei de outro jeito, aliviada. Finalmente *encontrei o meu eu*." Quando o médium conseguiu reaver o contato com seu preto-velho pôde encontrar seu eu, sua identidade. Os diversos guias do médium são como uma máscara social, no sentido clássico dado por Marcel Mauss (1950). A máscara revela os diversos papéis sociais assumidos pelo médium, ou seja, a *persona*. Essa máscara é dada pela posição do médium no ritual e tal posição passa a ser dominante em sua vida.

A categoria demanda será analisada mais profundamente no decorrer do trabalho. Por enquanto pretendi descrever as formulações que o grupo expressava sobre ela e como se processava o ato de demandar. Sem esses primeiros esclarecimentos seria difícil mostrar como a crise ocorrida no terreiro foi expressa através da "demanda: uma guerra de orixá".

Durante a vida do terreiro houve constantes acusações a pessoas ou grupos. De início, a acusação incidiu sobre o terreiro da rua do Bispo. Em seguida, a mãe-de-santo acusou a mãe-pequena de estar demandando contra ela. Depois que a mãe-de-santo ficou maluca e foi afastada, a acusação recaiu na sua mãe-de-santo. Quando a primeira mãe-de-santo saiu do hospital, foi acusada de estar demandando contra o terreiro por ter sido afastada. O novo pai-de-santo foi acusado de ter uma demanda com sua mãe-de-santo. Finalmente, o pai-de-santo classificou a luta final entre seu preto-velho e o preto-velho do presidente de guerra de orixá.

Assim, de um lado temos a crise iniciada com a abertura do novo terreiro e, de outro, uma expressão dessa crise, pondo em relevo uma categoria do sistema de representações do grupo. A demanda estava relacionada com o sistema ritual do grupo, pois definia uma prática mágica que expressava a crise gerada no terreiro.

Os fatos que passo a narrar são aqueles enfatizados pelo próprio grupo, através das entrevistas, depoimentos e observações. Ao lado desses fatos, exponho também as diversas versões dadas sobre suas causas e conseqüências.

A Loucura da Mãe-de-Santo

Domingo, 25 de junho de 1972:

Nesse dia houve a cerimônia de inauguração do terreiro. A casa estava cheia, com muitos assistentes, sendo alguns deles colegas de Mário. A mãe-de-santo, Maria Aparecida, uma senhora negra, fumando um charuto e com olhos enormes, presidia os trabalhos. Mandava cantar os pontos e recebia vários orixás. O ritual da inauguração tinha a mesma seqüência da sessões de domingo, mas não havia consulta. No dia anterior tinha havido o ritual de assentamento* do terreiro, do qual não participei.

A primeira vez que tive contato com o grupo foi nesse domingo. Foi também nesse dia, ao sair, que decidi acompanhar a vida de um terreiro que começava. Ainda não entendia muito bem o que se passava, parecia meio cega; só pouco a pouco, no decorrer da pesquisa, pude reconstituir o que tinha sido essa cerimônia. Minhas impressões no dia da inauguração eram ambíguas. Às vezes sentia-me como num teatro, vendo um espetáculo dramático, catártico, agressivo, pois vez por outra os médiuns possuídos diziam palavrões. Mas ao mesmo tempo tinha a impressão de que não eram homens que via e sim deuses na terra, tão marcadas eram as expressões corporais dos atores. Minha confusão aumentou quando vi um aluno meu, que assistia à cerimônia, "cair no santo"*. Era um transe desordenado e os médiuns, imediatamente, ajudaram-no. Seria a primeira vez que isso lhe acontecia? Tive medo, mas ao mesmo tempo tal fato incentivou-me a prosseguir com a pesquisa. Se essa experiência cultural, à qual assistia como observadora, era uma escolha entre as limitadas opções culturais, talvez eu, como qualquer um daqueles médiuns, pudesse entrar em transe e ser um cavalo dos deuses. Depois dessa primeira impressão pude reconstituir os fatos.

Aquela mãe-de-santo, Maria Aparecida, era a responsável pelo terreiro. Disse-me uma médium: "O terreiro era dela." O nome da casa foi dado por ela e o caboclo Serra Negra era um de seus guias. O exu que ficava num nicho perto da porta de entrada era também seu exu — o exu Mangueira. As imagens que ficavam no altar eram dela e, como já disse, o grupo inicial de médiuns que organizou o terreiro fazia parte de sua clientela. Ela era "excelente", "conhecia muito bem a lei" e era "muito boa no santo"*, segundo o grupo. Tinha uma grande ascendência sobre as pessoas não só porque sua ligação com elas vinha de anos mas porque sua preta-velha, vovó Maria Conga*, já tinha auxiliado todos os médiuns do grupo através de consultas. Sempre que falavam de Aparecida, falavam na "vovó" e enfatizavam o auxílio que dela tinham recebido. Um dos médiuns prometera-lhe que iria trabalhar no santo com seu cavalo, ou seja, a mãe-de-santo Maria Aparecida.

Sexta-feira, 30 de junho:

Passara-se quase uma semana da inauguração. A mãe-de-santo estipulara para esse dia um trabalho no cemitério. Uma obrigação, ou seja, um ritual através do qual são feitas oferendas aos orixás, levando-se suas comidas e bebidas ao local onde eles reinam. O cemitério é o local do povo do cemitério, cujo chefe é Obaluaê — associado a "são

Lázaro. Quando chegaram ao cemitério havia um grupo de médiuns de um terreiro que não conheciam. Os dois grupos pretendiam "arriar obrigação"* no mesmo local e iniciou-se por isso uma briga entre eles. Os médiuns estavam incorporados e a primeira mãe-pequena, Marina, com seu exu, começou a brigar com um médium do outro terreiro que acusou-a de estar traindo sua mãe-de-santo, demandando contra a mãe-de-santo para que esta saísse do terreiro. Saíram do cemitério e foram para a Tenda Caboclo Serra Negra. Chegando lá, a mãe-de-santo pegou Marina pelos braços e jogou-a para fora da casa. Agarrou outra médium, começou a chutá-la, mandando depois todos os outros médiuns embora, ficando no terreiro apenas o presidente e dois ou três médiuns.

Segunda-feira, 3 de julho:

A mãe-de-santo reuniu os médiuns no terreiro. Quando chegaram, encontraram moedas espalhadas por todos os lados, na casa de exu, na sala do gongá e da assistência, e muitos pontos riscados. A mãe-de-santo afirmava que as moedas e os pontos riscados eram parte de um trabalho que Marina estava fazendo contra ela. Era dia de consulta no terreiro e os médiuns começaram a limpar e arrumar tudo. Iniciou-se, nesse dia, o processo que o grupo classificou de "loucura da mãe-de-santo". Ela é que teria feito os pontos e jogado as moedas para poder acusar a mãe-pequena e dizia coisas estranhas como, por exemplo, "Ah, o defunto já foi ...", depois de ter afirmado que iria matar Marina. Os médiuns começaram a ficar apavorados e alguns foram embora. A mãe-de-santo saiu do terreiro e uma das médiuns resolveu acompanhá-la. Chegando na rua, no entanto, Aparecida mandou-a embora e seguiu sozinha. De longe, os médiuns viram-na atravessar a rua sem olhar para os carros, "doida", "louca".

Foi para a casa de Marina e chegando lá começou a quebrar tudo o que havia na casa. Dirigiu-se depois para a casa de sua madrinha*, entrou e começou a bater nela, jogando-a no chão. Os médiuns que continuavam esperando no terreiro, viram-na voltar depois de algum tempo, acompanhada da filha de sua madrinha, completamente fora de si. Deitaram-na no chão e deram-lhe calmantes, mas não adiantou. Mário, o presidente, resolveu levá-la para sua casa e disse-me que passou três noites sem dormir, tentando acalmá-la. Decidiu, então, chamar um médico e este recomendou interná-la. Mário levou-a para o Hospital Pinel, de onde foi transferida para o Hospital Psiquiátrico de Engenho de Dentro. O terreiro ficou fechado por algum tempo.

Desde a sexta-feira, dia 30, até essa segunda-feira, a mãe-de-santo praticou alguns atos classificados pelo grupo como parte de sua loucura. Foram atos muito perigosos para os médiuns, atos que, segundo me disseram, poderiam tê-los levado à morte ou à loucura. Teria feito trabalhos contra Marina e conseguira prender seus guias, pois "botou sete exus na cabeça de Marina". Esta passou a receber apenas esses exus e, segundo me disse depois, quase ficou doida. Via bichos enormes em sua frente e não conseguia dormir. Sônia, a segunda mãe-pequena, contou-me que a mãe-de-santo tinha colocado sua cabeça debaixo do altar, tentando através disso prender seus guias. Sônia obedeceu à mãe-de-santo porque não sabia disso, pois era nova no santo. Só depois é que veio a saber que tal ato poderia ter ocasionado sua loucura.

Houve também nesse período uma guerra de exu no terreiro. Uma noite, o presidente acordou dentro da casa de exu, tendo quebrado todas as imagens. "Eu estava dormindo, quando acordei estava dentro da casa de exu com a roupa toda rasgada e tinha quebrado todas as imagens."

O relato desses atos foi feito por Marina, por Sônia e por Mário. Não presenciei a nenhum deles, pois logo na semana seguinte à inauguração o terreiro ficou fechado e não pude entrar em contato com Mário.

De início, o grupo interpretava o que estava ocorrendo como uma conseqüência da demanda do terreiro da rua do Bispo. Mas depois que a mãe-de-santo começou a dizer coisas estranhas e a bater nas pessoas, os médiuns afirmavam que muitos desses fatos estavam ocorrendo por causa de sua loucura, sua doença. "A gente pensava que fosse demanda do terreiro da rua do Bispo, mas depois vimos que era por causa dela estar doida, louca."

Várias causas foram dadas para explicar por que a mãe-de-santo ficara louca. Teria se cansado com os trabalhos para a abertura do terreiro. Já havia sido internada duas vezes em hospitais psiquiátricos.

Este último fato o grupo soube através da madrinha de Aparecida. O grupo também não sabia que a mãe-de-santo havia tido outro terreiro, fechado pelo mesmo motivo. O médico dissera que sua loucura era causada por traumas de infância, mas o grupo se perguntava por que ela teria ficado doida, louca, justamente naquele momento e não em outro.

Ao lado disso, o grupo achava que a mãe-de-santo havia cometido erros na abertura do terreiro porque já estava doida. Esses erros provocaram muitos dos fatos posteriormente aí ocorridos. Não poderia ter trabalhado com exu na inauguração e só poderia tê-lo feito sete dias depois (outros diziam sete meses). Trabalhando com os exus antes da data prescrita atraiu exus sem luz* — chamados quiumbas* — que "não querem fazer caridade e passam a fazer 'bagunça'. Eles foram os responsáveis pela loucura da mãe-de-santo e por toda a crise do terreiro — fazendo a guerra de irmão com irmão e de pai-de-santo com seus filhos." Além disso, ela não fez o assentamento do terreiro corretamente e não batizou os atabaques*, porque não teve orientação de sua mãe-de-santo em virtude de uma demanda entre as duas. "Nenhum filho-de-santo pode abrir uma terra sem orientação de sua mãe-de-santo." Essa falta de orientação foi o que a levou à loucura e o que provocou a crise do terreiro. O presidente enfatizava os erros do ritual e falava menos na demanda, principalmente depois que o terreiro fechou. Mas o grupo todo enfatizava a demanda de Aparecida com sua mãe-de-santo.

Por ser louca, maluca, doida, Aparecida não poderia continuar responsável pelo terreiro, pois, segundo o grupo, seria muito trabalho e trabalho de muita responsabilidade. Poderia, se quisesse, freqüentá-lo, assistir às sessões, mas não como mãe-de-santo.

O presidente resolveu reabrir o terreiro depois que a mãe-de-santo foi internada. Explicou-me que a Tenda Caboclo Serra Negra não poderia ficar parada ou fechar porque "existe uma norma da Congregação segundo a qual um terreiro só pode fechar depois de um ano de funcionamento". "Pode mudar de local, mas nunca ser fechado." Assim, cerca de 15 dias depois da inauguração, o terreiro foi novamente aberto com um novo pai-de-santo.

O novo pai-de-santo, Pedro, foi levado para o terreiro por um casal de médiuns do grupo original e não conhecia nenhum outro médium do grupo. De início, explicou-me que iria ficar neste terreiro apenas para auxiliar o grupo. Tinha três outros terreiros e sua missão era a de "abrir terras". Como pai-de-santo criava terreiros, preparava os médiuns* e deixava um médium pronto* para presidir os trabalhos. Havia feito isso em outros três terreiros e pretendia fazer o mesmo agora. Morava longe, perto de Nova Iguaçu, e pediu ao presidente para ficar morando no terreiro, pois seria difícil ir lá muitas vezes por semana. O presidente e o grupo concordaram.

Pedro fez, de início, alguns trabalhos na mata, na cachoeira, na encruzilhada e na praia com todos os médiuns. Eram obrigações para todos os orixás ligados a esses locais. Prescreveu ainda alguns trabalhos especiais para Marina, até então a mãe-pequena do terreiro, para que seus guias voltassem. Ao lado disso, escolheu Sônia para ser sua mãe-pequena, retirando Marina do posto. Mandou que comprassem novas imagens e disse que teriam de batizar os atabaques. Retirou o exu Mangueira da porta de entrada e colocou-o junto com os outros na casa de exu.

Pedro trouxe uma irmã sua que pertencia a outro terreiro para ser médium e trabalhar com ele. Ele muitas vezes evocava essa irmã para confirmar fatos passados de sua vida, como, por exemplo, o fato de ter três terras. Além da irmã, Pedro tinha grande clientela de familiares.

De início, todo o grupo, inclusive o presidente, dizia que Pedro era excelente, bom no santo. Mais tarde, Mário mudou sua opinião.

No dia 14 de julho os trabalhos foram abertos regularmente para o público. Durante dez dias as sessões correram normalmente, com consultas, desenvolvimento e uma sessão de domingo, mas havia uma preocupação que afligia o grupo: a volta da mãe-de-santo.

A Volta da Mãe-de-Santo

Domingo, 16 de julho:

Era uma sessão de domingo e os exus estavam na terra. Houve um rebuliço no terreiro, algumas pessoas indo até a janela e voltando para falar com os médiuns incorporados. O presidente, com seu exu, foi avisado de que a mãe-de-santo estava lá embaixo, em frente à porta do terreiro. O pai-de-santo colocava a mão no ouvido e andava de um lado para outro, gesto que sempre fazia para ouvir o que os guias diziam. Mas o exu de Mário acalmou o grupo, dizendo que não era ela quem estava lá. A sessão continuou e, no final, Marina, ao sair do transe, depois de receber sua criança, caiu debaixo do altar. O pai-de-santo socorreu-a, fez umas cruzes com cachaça na cabeça e na orelha da médium, pois estavam machucadas. No final da sessão, Marina disse-me que eram os exus que a mãe-de-santo botara em sua cabeça e explicou-me: "Quando meus guias descem, os exus querem aproveitar a brecha e descer na minha cabeça. ... Foi por isso que quando a minha criança subiu eles me jogaram no chão."[2]

Depois desse domingo os médiuns discutiam muito sobre a volta da mãe-de-santo. Sônia, a mãe-pequena, disse-me: "A mãe-de-santo vai ter de sair do hospital e pode vir aqui e quebrar tudo. Ela é a dona do terreiro, ela é que alugou a casa e vai estar no direito dela. Se ela voltar eu não fico ... . Pode ser que alguém fique, mas não acredito, ninguém quer ser filho-de-santo dela."

O pai-de-santo, nesse período, afirmava: "O chefe material do terreiro é o Mário e o chefe espiritual é a Aparecida (a mãe-de-santo). Mas quem é responsável pelo terreiro é o Mário e não ela." Essa posição inicial de Pedro mudou no decorrer da história, pois mais tarde procurou fazer com que Mário passasse o terreiro para o seu nome.

O terreiro tinha sido aberto sob a responsabilidade de Aparecida e seu nome figurava no certificado da Congregação como responsável. Para que Pedro ficasse oficialmente como pai-de-santo seria preciso que houvesse uma mudança no certificado da Congregação. Mas o terreiro continuou com o mesmo nome dado pela mãe-de-santo e até o final o certificado pendurado na parede continuava tendo o nome de Maria Aparecida como sua mãe-de-santo.

À medida que o tempo passava vários fatos marcavam o aumento do poder de Pedro junto aos médiuns.

Segunda-feira, 24 de julho:

Era dia de consulta e ocorreu um dos fatos que marcaram o aumento do poder do pai-de-santo. Havia um senhor, de cerca de 35 anos, que desde a inauguração assistia a todas as sessões e ficava sempre num canto da sala de assistência, observando. O grupo começou a desconfiar dele, principalmente depois que soube que ele era médium de um terreiro vizinho onde era cambono*. Começaram a acusá-lo de demandar contra o terreiro, pois o seu estaria sendo prejudicado com a abertura do novo. Alguns médiuns diziam que a guerra que levou Mário a cair na casa de exu, no tempo da primeira mãe-de-santo, era demanda feita por aquele senhor.

Nesse dia, o pai-de-santo mandou buscar cachaça e fez um círculo de fogo em volta do acusado, obrigando-o a cair no santo. Era uma prova de fogo*, que visa saber se a pessoa está recebendo de verdade ou está fingindo. Com essa prova, o acusado mostrou publicamente sua mediunidade. Mais tarde Pedro disse-me que o tal homem, reconhecendo sua eficiência como pai-de-santo, arrependeu-se de ter feito a demanda. Passou desde esse dia a trabalhar no terreiro, auxiliando Pedro nas consultas e sessões de domingo.

A maioria dos médiuns dizia que a guerra de exu que levou Mário a cair na casa de exu tinha sido provocada por aquele médium do terreiro vizinho. No entanto, alguns afirmavam que tinha sido causado pela mãe-de-santo de Aparecida. Não sei, também, se o acusado se arrependeu como disseram, pois ele nunca quis falar desse assunto comigo.

Nessa segunda-feira Pedro mostrou que era bom no santo e que conhecia bem as técnicas rituais. Sempre que o grupo narrava o fato, ressaltava a eficiência do pai-de-santo por ter conseguido fazer com que o acusado caísse no santo dentro do círculo de fogo.

Quarta-feira, 26 de julho:

Os médiuns estavam reunidos na sala do gongá para iniciar o desenvolvimento quando Aparecida entrou no terreiro, já recebendo um dos seus exus. Foi até a casa deles e das almas, berrando como fazia quando incorporada. Mário pegou-a pelos braços, enquanto ela berrava dizendo que ia quebrar tudo, e trouxe-a para a sala do gongá. Mário afirmou-me que nesse dia Aparecida não estava com santo*, mas Pedro dizia que sim. Aparecida, ainda incorporada com o exu, riscou um ponto no chão da sala do gongá, perto do altar e puxou Mário para dentro dele. Queria que Mário caísse no santo dentro do ponto riscado, mas Mário firmou e não caiu[3].

Se Mário caísse no santo, dentro do ponto riscado, Aparecida teria conseguido dominá-lo e marcado seu poder como mãe-de-santo no terreiro. Mas Mário não caiu no santo, ou seja, não entrou em transe e firmou, impedindo que o guia descesse em sua cabeça, e Aparecida não conseguiu demonstrar sua força.

Enquanto Aparecida tentava fazer com que Mário caísse no santo, Pedro, incorporado com seu preto-velho, enfiava uma agulha no braço e no pé e fazia outros trabalhos. Esse preto-velho e o exu da mãe-de-santo estavam demandando, como disse Pedro, "um fazia um trabalho e o outro desmanchava".

Depois disso, Aparecida foi até o gongá, bateu cabeça e saiu dizendo que não tinha nada contra as pessoas. Quando se dirigia para a escada, Mário segurou suas mãos e disse: "Não vai ficar zangada comigo, você pode voltar, mas só para assistir." O fato de ter batido cabeça significava sua despedida do terreiro e, aparentemente, uma aceitação de sua derrota, pois tal ato significa uma despedida respeitosa ao terreiro e seus orixás.

Esse fato foi narrado da mesma forma por Mário e por Pedro, sendo que Mário enfatizava mais o seu papel por não ter caído no santo, diminuindo o de Pedro, pois dizia que ele teria enfiado a agulha no seu braço defeituoso, que deveria ser insensível. A partir dessa data estava definitivamente marcada a posição do pai-de-santo no terreiro e não se falava mais na volta de Aparecida. Os médiuns enfatizavam a força espiritual* de Pedro por ter conseguido que Aparecida saísse do terreiro sem quebrar tudo. Mário também ganhara importância e procurava enfatizar seu papel, pois se ele tivesse caído no santo talvez o resultado não fosse o mesmo.

Desde então não se falou mais na volta da mãe-de-santo e a preocupação central do grupo voltou-se para as conseqüências que esse fato poderia trazer para o terreiro.

A Demanda de Aparecida

Sexta-feira, 28 de julho:

Dois dias depois da ida da mãe-de-santo ao terreiro, Sônia, a mãe-pequena, lá chegou dizendo que Aparecida tinha ido à sua casa com dois homens, um dos quais era seu pai-de-santo. Afirmou-lhe que Aparecida iria "fazer cabeça no candomblé"*, ou seja, ia passar pelo ritual de iniciação de filha-de-santo dentro da cerimônia do candomblé. Nesse momento Pedro interrompeu o relato e, espantado, perguntou: "Mas como? Ela não tem cabeça feita*?" Os médiuns não souberam responder e disseram que não estavam entendendo, pois Aparecida já tinha cabeça feita.

Sônia continuou a falar sobre o assunto, dizendo que o terreiro para onde Aparecida ia era em Nova Iguaçu e que o endereço estava em sua casa. E acrescentou: "O tal pai-de-santo falou que trabalhava com o diabo." Os médiuns começaram a rir nervosamente, e Sônia, rindo, perguntou a Pedro: "Eles trabalham com isso (não repetia diabo) no candomblé?" O pai-de-santo balançou a cabeça num gesto indefinido. Sônia contou ainda que o tal pai-de-santo queria que ela recebesse seus guias na sua frente, mas ela não o fez, pois sabia que ele iria prendê-los. Disse, por fim, que Aparecida pedira a chave do terreiro e que iria buscá-la na casa de Mário. Mário disse: "Lá em casa ela não vai, ela tem medo de mim." Sônia terminou o relato afirmando: "Ela vai fazer demanda, eu tenho certeza; do jeito que ela estava!"

Os médiuns depois comentaram que Aparecida estava mesmo louca, pois como ia fazer cabeça novamente? Diziam que ela ia piorar ainda mais, porque esse pai-de-santo, que conhecera Aparecida na véspera, não poderia se responsabilizar por ela, era um doido.[4]

A partir dessa data a demanda da mãe-de-santo foi a preocupação central do grupo e serviu de explicação para muitos fatos ocorridos no terreiro. Todos falavam na demanda e o presidente chegou a dizer que "era uma coisa muito perigosa" e que "acontece sempre que se abre um terreiro". Disse que tinha ido falar com um amigo seu, que também trabalhava no santo há muitos anos e ele havia confirmado o perigo da demanda.

O pai-de-santo era, no entanto, quem mais falava no assunto e achava que tinham de trabalhar muito para acabar com a demanda. Exigia que os médiuns ficassem no terreiro até tarde, trabalhando para essa finalidade. Afirmou muitas vezes que tinha encontrado trabalhos feitos na porta do terreiro. Ora era uma fita vermelha, ora um alguidar com farofa. Um dia contou que havia encontrado um trabalho com uma flor retirada de um vaso do gongá. Todos os médiuns ficaram assustados e Mário, ao me relatar o fato, disse: "Alguém entrou aqui sem que a gente visse e tirou a flor para fazer o trabalho. Pode até ter sido Aparecida."[5]

As sessões muitas vezes se prolongavam demorando para "fechar a gira"*. Sempre acontecia algo visto como conseqüência da demanda: alguém passava mal ou entrava um bêbado atrapalhando os trabalhos. Em um desses dias, depois de terem finalmente conseguido fechar a gira, pois um cliente tinha passado mal, o pai-de-santo teve uma crise de choro e todos diziam que era de cansaço.

Marina, a primeira mãe-pequena, depois que soube da volta de Aparecida, passou algum tempo sem ir ao terreiro. Quando finalmente apareceu, disse: "Ainda bem que eu não estava aqui quando ela veio, acho que morria se a visse."

Um dia, Sônia, a mãe-pequena, mostrou-me um papel onde estavam escritos todos os itens necessários para um trabalho que deveriam fazer para seu Sete Encruza. Teriam de trazer para o terreiro um gato preto e uma cobra vivos e colocá-los perto da casa de exu. Além disso, teriam de preparar as comidas de santo para o exu que havia descido, dizendo que uma pessoa lhe prometera trabalho igual para que ele fizesse mal ao terreiro. Era um dos trabalhos que faziam parte da demanda da mãe-de-santo, como me explicaram. Seu Sete Encruza nesse dia afirmara que se o terreiro não lhe desse um trabalho igual ele nada faria. Assim, os médiuns prometeram-lhe o trabalho, classificado pelo grupo como uma obrigação. Mas nunca cumpriram o prometido.

A demanda estaria afetando não só os trabalhos no terreiro como também o cotidiano dos médiuns. Pedro, por exemplo, perdeu seu emprego e afirmava que isso era "coisa da demanda". Um búzio caído em cima do pé de Pedro, numa das vezes em que jogava para prever o que iria acontecer com a demanda, era sinal de que a mãe-de-santo continuava demandando para destruir o terreiro e afetar a vida do pai-de-santo. Nesse período, em todas as sessões a mãe-pequena defumava cada um dos assistentes e depois fazia cruzes com a pemba nas mãos de todos eles. Mesmo assim, uma cliente amiga do presidente teve uma crise de asma e o pai-de-santo afirmou que era coisa da demanda. Pedro e Mário foram várias vezes à casa da moça e passavam horas fazendo trabalhos para curá-la. Dois dias depois Mário chegou no terreiro avisando que a moça ficara boa e explicou-me que ela costumava ter essas crises. Apesar disso, o próprio Mário e o grupo afirmavam que "aconteceram agora por causa da demanda."[6]

A demanda, temida por todos, não explicava apenas os fatos passados, servindo também como um caminho para prever o futuro. A vida do terreiro passou a girar em torno dela. Todos acreditavam que o terreiro estava em demanda, como afirmava o pai-de-santo e o presidente: "A demanda é coisa muito perigosa, principalmente quando é entre um pai ou mãe-de-santo e seus filhos. Um pai ou mãe-de-santo sabe tudo sobre o filho e pode fazer muita coisa. Pode até acontecer uma morte e não sei como ainda não morreu um aqui. Mas acho que ainda vai acontecer e tenho certeza de que quem vai morrer é Aparecida. Ela vai se suicidar."

Desde o dia 26 de julho, quando Aparecida foi ao terreiro, até o dia 13 de agosto, enquanto se discutia a demanda da mãe-de-santo, o grupo manteve-se coeso. As sessões eram muito concorridas e todos recebiam seus guias, com exceção de Marina, que sempre tinha dificuldades e passava mal, pois os seus estavam presos. O pai-de-santo fazia questão de lembrar sempre que o terreiro estava em demanda e, com isso, mantinha uma grande comunicação com o grupo. Seu poder sobre os médiuns aumentou quando Marina chegou um dia no terreiro dizendo: "Recebi meu preto-velho na sexta-feira e ele disse para eu não ter mais medo, que ele ia me proteger da demanda. ... Acordei de outro jeito, aliviada. Finalmente *encontrei o meu eu*. Agora sim, acho que as coisas vão melhorar." No domingo seguinte, o preto-velho de Marina, conversando com uma cliente dizia: "Minha cavalo está em demanda, mas vou protegê ela, ela não tem culpa. Se minha cavalo tivesse culpa eu castigava, mas ela não tem. Eu sou velho Cipriano de um lado e exu do outro (e num gesto cortava o corpo ao meio mostrando como era). Quem faz essa demanda vai sofrê, eu vou protegê minha cavalo."

Uma semana antes do dia 13 de agosto comecei a perceber a mudança de atitude do presidente em relação ao pai-de-santo. Nessa semana havia marcado uma entrevista gravada com Pedro, mas como ele demorava a chegar, resolvi fazê-la com Mário. Quando estávamos terminando, Pedro chegou e exigiu que eu lhe mostrasse a fita. Corrigia os erros feitos pelo presidente e balançava a cabeça com ar de reprovação. Percebi que tinha cometido um erro, fazendo a entrevista primeiro com o presidente. Meu erro foi confirmado, dias depois, quando Mário me contou que o pai-de-santo o tinha recriminado por me ter concedido a entrevista. Pedro dissera que Mário não podia ter falado, pois não conhecia a lei. Mas essa falta levou-me a perceber o conflito que estava surgindo entre os dois. Mário passou a falar abertamente que não acreditava mais no pai-de-santo. "Ele não é bom no santo; será possível que esta demanda não acaba?" O pai-de-santo se afastou de mim por algum tempo e eu quase não conseguia falar com ele. Mas um dia chamou-me, e com seu preto-velho incorporado disse: "Seu amigo (Mário) quer sabê muito, mas não sabe, ele é novo no santo, a senhora deve tomar cuidado com ele."

Assim ficaram claras as posições das duas partes: Mário desacreditava no pai-de-santo e este afirmava que Mário era novo no santo e queria saber muito. Esse era um dos níveis em que o conflito atuava. Num outro plano, a ordem no terreiro passou a ser vista de forma diferente pelas duas partes.

Mário há algum tempo, segundo versão de Sônia, a mãe-pequena, vinha reclamando que as sessões demoravam muito para terminar. Disse-me ela: "Mesmo quando estava incorporado, o guia dizia que seu cavalo tinha de trabalhar e subia. Sempre às dez horas os guias diziam isso; nunca vi orixá saber de hora." Enquanto isso, o pai-de-santo exigia que os médiuns trabalhassem noite adentro.

As Duas Ordens

Domingo, 13 de agosto:

Às dez horas Mário exigiu que a sessão terminasse. Os exus ainda estavam na terra e a pomba-gira de Marina não queria subir. Mário ameaçou jogá-la na rua, dizendo que "jogava ela, a pomba-gira dela e tudo lá embaixo". No final da sessão, já de madrugada, o pai-de-santo recebeu uma criança. Segundo sua irmã, esse orixá (essa criança) só aparecia de três em três anos e era um orixá muito forte. Conforme sua versão e a de um outro médium, quando a "criança chegou, o vento veio com ela. As portas e janelas do terreiro começaram a bater. A gente ouvia o vento uivar." A criança quebrou garrafas e fez um tapete* (espalhou os cacos pelo chão) e Pedro, incorporado, andava e rolava seu corpo em cima deles sem se ferir. Exigiu que um dos médiuns fizesse o mesmo sem estar incorporado. O médium obedeceu e também não se feriu. No dia seguinte mostrou-me suas costas para que eu comprovasse que não estavam machucadas.

Quarta-feira, 16 de agosto:

Antes de iniciar o desenvolvimento, Sônia, a mãe-pequena, e Pedro conversavam sentados na sala da assistência. Sônia dizia: "É, aqui ninguém tem responsabilidade, ninguém chega na hora. A gente não pode ser bonzinho, não. É por isso que lá no meu outro terreiro o pai-de-santo não dava atenção nenhuma pros médiuns. É por isso que eles fazem essas coisas." Pedro respondia: "Deixa. Agora vou deixar eles com os guias. Depois que levarem uma surra de santo* eles aprendem." Logo depois levantou-se e deu instruções à mãe-pequena para que ela mandasse os médiuns, que estavam chegando, trocarem de roupa. Disse que todos deviam perguntar a ela o que fazer e obedecer-lhe. Sônia levantou-se e mandou-os trocarem de roupa para começar o desenvolvimento.

Pedro foi para a sala do gongá e recebeu seu preto-velho. Fez um pequeno discurso enquanto os médiuns, sentados, ouviam calados. Seu preto-velho disse: "Vocês sabe que eu escolhi esta criança, porque ela não passa de uma criança, para ser macama* (referia-se a Sônia). Ela é ainda uma criança mas já tem essa responsabilidade e vocês têm de seguir o que ela fala."

Nesse dia, Pedro definiu sua posição quanto à ordem que deveria existir no terreiro: os médiuns deviam obediência à mãe-pequena, e não se referiu ao presidente. Também os guias, os orixás, eram os que deviam zelar pelo bom comportamento dos médiuns, controlando seus cavalos por meio de surras. Ele, como pai-de-santo, podia pedir aos guias que assim o fizessem. Além disso continuava afirmando que tinham de trabalhar para acabar com a demanda.

Mário deixou de ir ao terreiro por uma semana. Encontrando-me na faculdade, disse: "Pedro fica falando que tudo é demanda e não resolve nada. Não tem hora para terminar os trabalhos. Ele já conseguiu dominar todos lá, menos eu, e não vai conseguir. Ele é um papo-furado. ... Os guias dele são todos iguais, sempre com aquele cigarro e aquela voz. Fico pensando se não é embromação." Terminou a conversa dizendo que ia chamar um amigo (o mesmo que já tinha procurado no início para perguntar sobre a demanda) para ir ao terreiro, domingo, ver se Pedro estava fazendo as coisas da maneira certa. Disse também que ia fazer um regulamento para "botar ordem" no terreiro.

Assim, para o presidente, a ordem seria conseguida através de um regulamento. Mas ainda não estava totalmente convicto da ineficiência do pai-de-santo, pois ia chamar o tal amigo. Também duvidava da veracidade dos guias de Pedro. O que explica, em parte, por que o pai-de-santo usou no domingo a técnica de rolar em cacos de vidro. Rolando sobre eles estaria fazendo a confirmação*, como disse mais tarde. Ou seja, estaria provando que seus guias eram verdadeiros, pois o cavalo não se machucava.

Domingo, 20 de agosto:

Mário chegou no terreiro cedo, bem antes do início da sessão, e dirigiu-se imediatamente ao pai-de-santo. Os dois sentaram-se nos tocos na sala do gongá e iniciaram uma discussão. Mário falava muito alto, enquanto o pai-de-santo respondia com voz baixa e calma. Mário, com um papel na mão — o regulamento —, dizia: "Botei aqui tudo escrito como os médiuns devem se comportar. Não podem fumar, não podem chegar atrasados e a sessão tem de terminar às dez horas. Você, Pedro, tem de botar ordem nisso aqui." Pedro respondeu: "Não precisa dizer isso, eu sempre mando o pessoal fazer isso. Tenho três terras e sei como devo de fazer." Continuou com voz calma: "Você sabe que nós estamos em demanda e é preciso trabalhar." Mário respondeu aos gritos: "Eu não quero saber de suas terras e não tenho nada a ver com elas. O negócio é aqui dentro. Ou você bota isso aqui em dia ou sai. Você sai, porque eu boto outro pai-de-santo ou outra mãe-de-santo, porque assim é impossível."

Os dois levantaram-se e o pai-de-santo foi riscar o ponto debaixo do altar para dar início à sessão. Enquanto isso o grupo de médiuns que estava no terreiro preparava-se para a sessão. Mário veio falar comigo sobre assuntos da faculdade. Confesso que não entendi nada do que me dizia, pois estava tentando perceber o que se passava no terreiro. Respondi laconicamente e, de repente, quando olhei para o gongá, vi uma labareda de fogo. Um dos médiuns correu para apagá-la, puxando a toalha que cobria o altar e estava queimando. Com o calor, uma guia (colar), pendurada na imagem de seu Serra Negra, partiu-se. As pequenas contas espalharam-se pela sala. Todos os médiuns correram e, depois que o fogo foi apagado, olharam para a guia com espanto. Sônia falou-me: "Olha que estranho, como pode ter acontecido isso?" O pai-de-santo, que não se perturbara com o fogo, terminou de riscar o ponto, levantou-se e disse: "É isso que dá chegar com a cabeça quente no terreiro."

Em nenhum momento os médiuns perguntaram-se como a toalha que cobria o gongá tinha queimado. O fogo era sinal da guerra que estava ocorrendo entre Mário e Pedro. Marina chamou-me de lado e disse: "É por isso que detesto guerra, todo mundo fica com os nervos à flor da pele."

Depois disso, iniciou-se a sessão, como todos os domingos. Mas uma alteração importante foi feita. Mário recebeu sua pomba-gira e ficou até o final da sessão com ela. Explicou-me depois que o pai-de-santo pedira à sua pomba-gira que segurasse a gira, ou seja, tomasse conta da sessão. A partir desse domingo a pomba-gira de Mário teve sempre esse mesmo papel nas sessões.

Nesse domingo, o pai-de-santo, com seu preto-velho incorporado, chamou Mário, também com sua pomba-gira incorporada, para perto da casa de exu. Lá, o preto-velho afirmou que seu cavalo tinha encontrado um trabalho feito, pela manhã, na porta do terreiro. Era "coisa da demanda".

Depois desse domingo os médiuns tomaram posição diante do conflito. A maioria deles estava do lado do pai-de-santo. A samba, Carmen, era quem mais defendia Pedro, dizendo: "Nunca se deve discutir com um pai-de-santo. Eu nunca vou contra uma ordem do pai-de-santo" e, imediatamente, começou a me explicar como tinha deixado o outro terreiro: "Quando saí do terreiro da rua do Bispo, o pai-de-santo chorou e eu saí depois de bater cabeça", querendo com isso dizer que não tinha tido uma atitude desrespeitosa. Sônia também defendia Pedro, mas sua atitude era ambígua, pois dizia que Mário tinha um pouco de razão. Era preciso "botar ordem" no terreiro. Afirmou que Mário queria saber mais do que o pai-de-santo e tinha inveja dela. Disse-me um dia: "Mário acha que o Pedro não devia ter me botado como mãe-pequena, ... ele acha que a pessoa que devia botar era ele, porque era o dono da casa. ... Ele tem inveja porque acha que Pedro só olha pra uma pessoa e essa pessoa, ele se refere a mim. ... Foi por isso que ele criou guerra com Pedro."

Assim, todos os que ocupavam postos na hierarquia espiritual ficaram ao lado do pai-de-santo. Esse grupo, que incluía também a primeira mãe-pequena, chegou, a partir desse domingo, a juntar dinheiro para abrir um outro terreiro com Pedro como pai-de-santo.

Havia um segundo grupo, identificado como tal pelos próprios médiuns, que a ele se referiam como a "turminha do Manuel". Esse grupo se compunha de três médiuns e um sócio e queria também que o terreiro tivesse uma ordem. Tentaram apoiar o presidente e, na quarta-feira seguinte ao domingo dia 20, numa reunião de sócios, também fizeram exigências. Diziam que o presidente tinha razão, que "aquilo ali" tinha de ter ordem. Exigiam que o dinheiro das consultas fosse contabilizado e acusavam a mãe-pequena de não estar fazendo isso direito. Nessa reunião, Mário, ao contrário do que os médiuns esperavam, não concordou com o grupo e deu razão à mãe-pequena.

A turminha do Manuel afastou-se do terreiro, culpando Mário por querer tomar conta de tudo e dizendo que ele não era honesto.[7]

Mário ficou isolado, como ele mesmo dizia: "Aquele pessoal está todo dominado por Pedro, eles são ignorantes e ficam com medo da demanda. Mas eu não, meus guias são muito fortes e eu tenho cultura, tenho um nível alto e não preciso aprender com ele. O pessoal estava só preocupado em aprender com o Pedro. Porque eles não têm confiança, só sabem fazer as coisas quando estão com santo. Sem santo eles não sabem e ficam inseguros." Continuou, dizendo: "Eu posso até modificar a estrutura de um ritual de umbanda para melhor. Não só devido à minha cultura, como devido à intuição de meus guias, que são da linha oriental*[8], ou seja, de um ramo de cultura mais adiantado, que me dão essa capacidade ... quase ninguém lá tem guias da linha oriental. Quer dizer, Pedro conseguiu criar uma rede de relações entre aquele pessoal, mas eu me isolei."

A Vinda de Velha Leda

Sexta-feira, 25 de agosto:

A mãe-de-santo de Pedro foi ao terreiro. Segundo Pedro, não fora ele quem a chamara, mas sim sua irmã, percebendo as dificuldades pelas quais passava. Pedro tinha estado em guerra com velha Leda, como a chamava, durante cinco anos, mas agora ela iria ajudá-lo. Velha Leda era sua prima. Foi ela que, em seu terreiro de Nova Iguaçu, fez de Pedro um ogã e depois pai-de-santo. Era uma senhora negra de uns 50 anos e com mais de "30 anos de santo", como me disse.

Nesse dia afirmou: "A casa está limpa*, só falta a firmeza dos médiuns." Ou seja, não havia mais demanda e a causa dos problemas do terreiro teria sido a falta de firmeza dos médiuns, que não estavam com relações fortes com seus guias. Para firmar os médiuns* era preciso fazer o assentamento do anjo da guarda de cada um. O anjo da guarda é o guia de cabeça do médium, seu guia mais importante. O assentamento serviria "para dar mais afinidade entre espírito e matéria". Fazendo o assentamento do anjo da guarda, o médium se fortalece e pode prescindir da ajuda de seu pai-de-santo. Para fazer a firmeza era preciso jogar os búzios, que revelariam como agir com cada médium.

Ficou marcada uma nova vinda de d. Leda, que jogaria os búzios para saber o que se deveria fazer com os guias de Pedro, pois a própria pessoa não pode realizar este ritual para saber coisas a seu respeito. Velha Leda, nesse dia, mandou que retirassem o exu menino do gongá porque ele não devia ficar junto com os outros orixás, e sim perto da casa de exu.

A vinda de velha Leda impressionou muito os médiuns, inclusive o presidente. O grupo todo afirmou que ela era excelente e conhecia muito a lei. O presidente disse que ela havia dado toda a força a seus guias, vendo tudo o que faziam, e havia reparado que eles eram fortes. O grupo ficou coeso em torno dela, pois sua vinda possibilitava uma saída, uma vez que não havia mais demanda. Ao lado disso, Pedro reforçou duplamente seu poder em relação aos médiuns, não só porque tinha acabado com a demanda mas também porque, trazendo sua mãe-de-santo, mostrou que não era um pai-de-santo qualquer. Tinha uma mãe-de-santo com mais de 30 anos de santo, que era excelente, boa no santo.

Domingo, 27 de agosto:

Antes do início da sessão, o preto-velho de Pedro deu ordens à mãe-pequena para repreender os médiuns que haviam chegado atrasados. Quando saiu do transe, Pedro correu até o banheiro e saiu dizendo ter vomitado "sangue vivinho". O grupo ficou em torno dele, e Carmen, a samba, começou a passar mal. Os outros médiuns ampararam-na e deram-lhe café, enquanto ela chorava. Pedro consolou-a, dizendo: "Não chore por causa disso, eu não caio assim fácil, não."

A sessão teve início e Marina não conseguiu receber Ogum. Saiu da sala do gongá e foi até perto da casa de exu, onde estavam Pedro e Mário, este último incorporado com sua pomba-gira. Marina xingou Ogum, dizendo: "Ele não é de nada." Quando Mário saiu do transe, chorava convulsivamente e seu corpo estava rijo e tremendo. O pai-de-santo mandou cantar o ponto de mamãe Oxum (santo que chora quando desce na terra), pensando que ela queria "descer" em Mário. Mas não adiantou, o choro e o tremor do corpo continuaram. Mandou, então, cantar-se o ponto do preto-velho de Mário. Imediatamente passou o choro e apareceu a figura do pai Benedito*, que sentou-se no toco e chamou Marina. Enquanto durou a cena, os outros médiuns continuavam em transe, sem perceber, aparentemente, o que se passava. Apenas Sônia e Pedro não recebiam, o que vinha acontecendo desde o domingo anterior.

Marina e o preto-velho de Mário conversaram sobre o cavalo do preto-velho, que não ajudava ninguém e estava errado. No dia seguinte, Marina e Mário deram suas versões sobre o acontecimento. Marina dizia que Mário havia tido a crise de choro porque, por desrespeitar sua pomba-gira, devia ter-lhe pedido maleme* (desculpas) e não o fizera. Mário dizia que Marina tinha xingado um orixá diante de sua pomba-gira e esta mandou um guia sem luz* para incorporar nele. A ordem da pomba-gira era que o guia matasse Marina pelo que havia feito. Mário recusou-se a receber o guia e só via exus na sua frente. O choro e o tremor do corpo deviam-se ao fato de não ter dado passagem* para o tal guia — "ela mandou incorporar em mim um guia sem luz e eu tive força suficiente para prender*".

Desde o último domingo, dia 20 de agosto, as sessões começaram a ser diferentes. Os médiuns com freqüência tinham dificuldade de receber. Tal situação perdurou até o fim da vida do terreiro.

Segunda-feira, 28 de agosto:

D. Leda voltou ao terreiro para jogar os búzios, como tinha ficado combinado. O início da sessão processou-se de forma diferente, marcando, ritualmente, as posições do pai-de-santo e de sua mãe-de-santo.

Pela primeira vez vi Pedro deitar-se no chão, em frente à sua mãe-de-santo, como qualquer outro médium. Antes, porém, a mãe-de-santo levantou-se e foi até o gongá, fez uma genuflexão beijando a toalha, como Pedro fazia, indo depois para perto dele e, curvando-se, fez uma cruz no chão, diante dele. As posições estavam marcadas, pois Pedro, ao deitar-se diante da mãe-de-santo, reconheceu sua inferioridade hierárquica em relação a ela. Mas esta, ao fazer a cruz antes que ele se deitasse, marcou a posição de seu filho como pai-de-santo do terreiro, cumprimentando-o. Um pai-de-santo só se deita diante de sua mãe-de-santo, e esta não precisa cumprimentá-lo antes disso, pois o primeiro é inferior à segunda.

A sessão teve início e d. Leda começou a jogar os búzios para ver o que estava acontecendo com o pai-de-santo. Não estava com santo, mas à medida que via as coisas ia dizendo que não queria saber. Pediu, então, para cantarem o ponto de sua preta-velha e recebeu vovó Conga, que disse o que estava vendo nos búzios. Pedro havia feito coisas erradas nos seus outros terreiros e tinha dois guias de cabeça* que guerreavam entre si e causavam problemas em sua vida.

Enquanto isso alguns médiuns davam consultas, inclusive Mário com sua pomba-gira que, depois de botar cartas para um cliente, levantou-se e foi para perto de d. Leda, dançando à sua frente e olhando muito para ela e para Pedro.

Quando d. Leda acabou de jogar os búzios para o pai-de-santo, não o fez para mais ninguém. Recebeu outros guias e a sessão terminou. Mandou apenas que a mãe-pequena comprasse determinados itens rituais para cada médium, a fim de fazer o assentamento dos seus anjos da guarda.

D. Leda afirmara antes da sessão que "não precisava rolar em caco de vidro para fazer confirmação". A "confirmação vem numa consulta", dizia, "quando se faz caridade". Foi esse seu procedimento, pois antes da sessão rezou* uma criança que estava doente. Referia-se ao pai-de-santo, que tinha rolado em cacos de vidro. Portanto, se por um lado d. Leda recriminava seu filho pelos erros cometidos, por outro confirmava sua posição como pai-de-santo do terreiro e como membro da comunidade dos trabalhadores no santo, pois era sua mãe-de-santo. Ele não era um pai-de-santo isolado, era filho-de-santo de uma pessoa que conhecia muito a lei. Tendo chamado sua mãe-de-santo, Pedro mostrou sua posição no santo. Tinha sido feito* por uma mãe-de-santo excelente e sempre afirmava isso quando falava com as pessoas, inclusive comigo. Contou-me como brigaram e como ela era boa por ter vindo ajudá-lo.

Depois desse dia, as sessões continuaram a transcorrer, normalmente, por mais duas semanas. Nesse período, Mário resolveu organizar fichas com nome e endereço de cada um dos médiuns, até de Pedro, e afirmava que iria levá-las à Congregação Espírita Umbandista. Mário disse-me que pretendia levar o nome de Pedro para verificar se ele era realmente um pai-de-santo. Dizia que a Congregação teria meios de saber se a pessoa "era feita" e se podia ficar responsável por um terreiro.

Mesmo com a vinda de d. Leda, portanto, o pai-de-santo não conseguira convencer Mário de sua força. No entanto, os outros médiuns pareciam persuadidos de que Pedro era realmente um pai-de-santo, uma vez que não se preocuparam com o fato de Mário estar levando o nome de Pedro à Congregação.

A Prova de Fogo ou uma Guerra de Orixá

Segunda-feira, 11 de setembro:

Era dia de consulta e um casal entrou no terreiro para falar com o preto-velho de Pedro, Caetano da Bahia. O homem batia na mulher, dizendo que ela o estava traindo. A mulher chorava muito e, de repente, entrou em transe. O guia que recebeu dizia que iria levá-la* (matá-la) se continuasse casada com tal homem. Velho Caetano tentava convencer o guia a não matar a moça. Nesse momento, o preto-velho de Mário, pai Benedito, começou a afirmar que "aquilo era uma palhaçada", que não era coisa de santo. Velho Caetano respondeu: "Se não está vendo que é coisa de santo, não é pai Benedito." Disse que iria fazer uma prova de fogo para verificar se era mesmo pai Benedito que estava na terra.

Terminada a consulta com o casal, velho Caetano mandou a mãe-pequena pegar azeite-de-dendê fervendo na cozinha (um dos tipos de prova de fogo, na qual se exige que o médium ponha a mão dentro do azeite fervendo para ver se está mesmo com santo). Sônia foi à cozinha e voltou dizendo que não havia dendê. Velho Caetano exigiu, então, que trouxesse cachaça e, colocando-a no coité, ateou fogo e bebeu, mandando que o outro fizesse o mesmo. Mário (ou o pai Benedito) recusou-se, dizendo que não bebia cachaça e que Pedro bebia porque era um cachaceiro, um bêbado. Velho Caetano pegou a cachaça e jogou no chão, fazendo um círculo de fogo em volta de Mário. Pai Benedito (ou Mário) saiu do círculo de fogo sem se queimar. Mas velho Caetano continuou exigindo que Mário bebesse a cachaça com fogo e, como ele se recusasse, derrubou o coité com a cachaça em fogo no rosto de Mário. Mário saiu do transe; seus cabelos e barba estavam apenas chamuscados. Olhou em volta e disse: "Vou perguntar o que é essa cachaçada."

Os médiuns que estavam no terreiro ficaram tensos; Marina e d. Jandira saíram dizendo que não voltariam mais. Outros médiuns tentavam acalmar o pai-de-santo, cujo transe havia terminado. Uma cliente de Mário teve um ataque de choro e saiu com ele. A prova de fogo foi presenciada por vários clientes que tinham vindo consultar-se, inclusive os familiares de Sônia, a mãe-pequena.

Todos os médiuns presentes relataram estes fatos, até mesmo o presidente. Mário afirmou que não tinha bebido a cachaça porque seu preto-velho só bebe vinho, enquanto os outros afirmaram que Mário não tinha passado na prova por não ter bebido a cachaça. Mário retrucou que tinha passado pela prova, colocando sua mão no fogo sem se queimar. No entanto, afirmou: "Mas isso não quer dizer nada. Um ogã, quando tem 12 anos de terreiro, conhece toda sua magia. Ele aprende também todos os truques que aí existem. Principalmente um terreiro ... quimbandeiro*, que é justamente a magia negra." E continuou: "Isso é uma palhaçada, porque na realidade isso já não existe mais. Pra provar que o orixá está na terra não precisa rolar em caco de vidro, nem comer fogo. Isso, qualquer palhaço de circo faz. O que orixá tem de provar é curando. Isso é pura estupidez, ignorância."

Mas a noite não terminou com a prova de fogo. "Depois é que veio o pior", como disse a mãe-pequena. Pedro começou a quebrar tudo no terreiro: garrafas, copos, rolando em cima deles. Pegou um punhal, que tinha uns 15cm de comprimento e era de seu preto-velho, e enfiou no peito. A camisa ficou manchada de sangue, mas o peito não tinha nenhuma marca. Isso durou a noite toda. Pedro recebeu, sucessivamente, muitos guias, inclusive exu Caveira.*[9] Exu Caveira batia com uma pedra no peito de Pedro e dizia também que ia levar o cavalo. Às quatro da manhã Pedro saiu do transe e a mãe-pequena foi para casa. Mas alguns médiuns continuaram no terreiro. Logo depois, Pedro saiu pela rua e tentou jogar-se debaixo de um ônibus. Sua irmã e outro médium conseguiram trazê-lo de volta para o terreiro e Pedro ficou quase morto no chão, em frente ao gongá. A auxiliar de d. Leda estava no terreiro e, segundo disse, fez tudo o que sabia para ver se melhorava a situação. Rezou o credo de trás para a frente, pois, "se fosse um exu pagão*, ele iria embora". Mas nada adiantou e resolveram, então, chamar d. Leda. Antes de sair do terreiro para chamá-la, a ajudante encontrou-a já na porta. D. Leda pressentira que algo estava errado e viera constatá-lo. Conversou longamente com o preto-velho de Pedro e convenceu-o a não levar seu cavalo. Mandou chamar todos os médiuns, mas nada ficou resolvido.

Esse relato foi feito por todos os médiuns presentes e todos afirmaram os mesmos fatos. O pai-de-santo mostrou-me seu peito para provar que não se ferira.

Embora o relato desses fatos coincida, as versões sobre as causas do conflito variam. Passarei a narrá-las a seguir.

Mário afirmou-me que Pedro fez a prova de fogo com seu preto-velho, porque queria desmoralizá-lo diante dos outros médiuns. Fez isso porque tinha medo de Mário e de seus guias, pois percebia que estes eram mais fortes que os dele. Disse-me Mário: "Ele quis convencer os outros que eu não tinha santo*, era toda essa a dele. Porque a partir do momento que ele tentasse convencer os outros eu estaria desmoralizado."

Segundo Mário, Pedro estava notando sua perda de controle desde a segunda-feira anterior, quando ele fizera a ficha dos médiuns para levar à Congregação, incluindo os dados referentes a Pedro, que percebia estar sendo descoberto, pois não era um pai-de-santo, "não passava de um ogã". Mário continuou dizendo que Pedro não tinha guia: "Ele só recebia irradiação de guia* e não passava de um cachaceiro." Afirmava ainda: "Pedro dizia que meu preto-velho só incorporava metade do meu corpo porque eu não tinha cabeça feita. Queria que eu desse minha cabeça para ele." Não daria sua cabeça porque, nesta cerimônia, "um pai-de-santo se quiser pode tirar toda a força do médium. Como os outros são ignorantes imediatamente dão a cabeça para o pai-de-santo e, ele sendo desonesto, pode tirar toda a força deles." Além disso afirmava: "Pedro só conseguia trabalhar quando os meus guias estavam incorporados, eram eles que seguravam a gira." Terminou dizendo: "Ele começou a notar que meus guias estavam tomando conta do terreiro ... já estava perdendo a força e eu estava adquirindo cada dia mais. Era também importante o crescente número de pessoas que vinham consultar os meus guias, enquanto os dele eram todos enviados pelo seu pessoal."

Os outros médiuns[10] diziam que Mário não estava com santo, que ele trabalhava com santo encostado*, ou seja, o guia incorporava apenas a metade do cavalo. Diziam que Pedro tinha passado mal depois da prova de fogo porque "seus guias disseram que ele não tinha pedido permissão para fazer a prova. Além disso, já tinham mandado ele sair do terreiro e ele não saiu."

Sônia, a mãe-pequena, tinha uma posição intermediária. Por um lado, dizia que Mário trabalhava com orixá encostado, mas, por outro, dizia que Mário tinha um pouco de razão. "Pra mim, o Pedro há muito tempo não estava recebendo guia, eles só estavam encostados; ele bebia demais." Afirmava também que talvez Pedro tivesse ficado com medo porque não era realmente um pai-de-santo e Mário havia levado seu nome para a Congregação. Além disso, afirmava que Pedro já desconfiava de que Mário não tinha santo há muito tempo e já tinha dito que ia fazer a prova de fogo. Mas, ao mesmo tempo, revelava: "Pedro também me disse que não ia firmar o anjo da guarda de Mário, porque ele já podia ser preparado, mas não ia fazer porque o Mário queria saber mais que ele." Terminou declarando: "Pedro sabia que se firmasse o anjo da guarda das pessoas elas iam ficar com mais força. Foi por isso que não firmou o anjo da guarda de ninguém."

Pedro dizia que Mário não tinha santo e que queria saber mais do que ele. Mas, ao mesmo tempo, afirmava que a prova de fogo tinha sido uma guerra de orixá e que ele não tinha culpa de nada.

O Cisma

Quarta-feira, 13 de setembro:

Cheguei ao terreiro e o pai-de-santo estava à minha espera. Disse que precisava muito falar comigo e relatou os fatos com a ajuda dos outros médiuns presentes. Disse que ia embora e que tinha sido derrotado. Falou novamente na demanda, e que o terreiro tinha três demandas. Mas não falava quais eram e os médiuns, então, completaram: "Uma é a da mãe-de-santo da Aparecida, outra é a que ela fez contra o terreiro." Não sabiam, no entanto, qual era a terceira.

Passamos três horas conversando, Pedro, a samba, a primeira mãe-pequena e ainda um ou dois outros médiuns. Pedro contou sua vida no santo. Falou de seus amigos vivos e mortos e, rindo, afirmou que, depois dessa, talvez voltasse a ser crente[11]. Marina tentava animá-lo, dizendo que iria acompanhá-lo aonde quer que ele fosse, afirmando: "Macumba é boa pra quem sabe aproveitar."

Enquanto estávamos conversando, sentados nos tocos, ouvimos de repente um barulho e vimos entrar uma mulher seguida por Mário. Ela acabara de jogar uma garrafa de cerveja no chão, fazendo com que o líquido e os cacos se espalhassem por toda a sala do gongá. (A cerveja é a bebida de Ogum. Associado a são Jorge, com seu cavalo e sua lança, matando o dragão, é o vencedor da demanda.) Uma segunda garrafa continha cachaça, bebida de exu que a mulher ia jogando por todos os cantos da sala do gongá e em cima dos médiuns. Todos se levantaram. Mário mandou que se retirassem, dizendo: "Pedro, pensei que você já tinha ido." Sem esperar qualquer resposta, foi fechando as janelas e mandando os outros irem embora. Pedro, em voz baixa, pronunciou: "Você podia falar direito comigo, não é assim que se fala."

Enquanto isso, Sônia, que chegara logo depois, discutia com os outros médiuns sobre o dinheiro das consultas que havia sumido. Todos reuniram-se na sala da assistência e Sônia confessou a Mário que faltavam cem cruzeiros e que, como era responsável pelo dinheiro, fazia questão de repor do seu bolso. Nisso, Pedro começou a mandar Sônia repartir o dinheiro com os médiuns pelo trabalho que haviam tido. Sônia ficou vermelha e aos gritos foi perguntando a cada um dos presentes se queria receber o dinheiro. Gritava dizendo não ter trabalhado por dinheiro. Ninguém aceitou o pagamento.

Depois disso Mário disse: "Quem vai vai, quem fica fica", e foi mandando os médiuns descerem a escada. Em fila, os médiuns expulsos começaram a descer a escada estreita, seguidos pelo pai-de-santo. Desci junto com eles.[12] Na porta, começamos a despedir-nos e todos estavam emocionados ao se abraçarem. Pedro era o único que demonstrava raiva e, em tom profético, declarou: "Não dou sete meses pra esse terreiro ficar de pé." Enquanto estávamos nos despedindo, o presidente desceu com a mulher que o acompanhara e saiu fechando a porta. Dirigiu-se em sentido oposto a nós. Vi fisicamente um cisma. De um lado da rua, o pai-de-santo e os médiuns e, do outro, o presidente com a mulher que viera ajudá-lo.[13]

O cisma foi consumado. O terreiro continuava, mas sem os médiuns e sob a chefia do presidente. Mas não ficou aberto por muito tempo.

Domingo, 17 de setembro:

Mário foi ao terreiro seguindo uma ordem de seu preto-velho para fazer uma limpeza astral. A limpeza astral teria de ser feita com água do mar e areia. Mário explicou por que tinha feito isso:

> No sábado à noite eu trabalhei com Ogum, Xangô e mamãe Oxum e, justamente, com eles eu gritei. Gritei por eles e perguntei o que ia fazer porque eu não tinha dinheiro para pagar o aluguel e não sabia o que fazer. ... Domingo, depois que limpei todo o terreiro, com água do mar e

> areia, o dono do local foi lá e se ofereceu para que eu entregasse o centro sem despesa nenhuma. ... Eu acho que isso foi justamente o pedido que fiz a eles. Que eles me guiassem e me orientassem ... eles me ouviram e foi a solução mais certa, fechar.

Assim, o terreiro foi fechado. Mas como explicar seu fechamento? Deixo a resposta aos membros do terreiro Caboclo Serra Negra. As versões variavam, mas existia um aspecto que era recorrente em todas: a demanda.

A demanda da primeira mãe-de-santo foi a causa do fechamento do terreiro para todos os médiuns, com exceção do presidente que, embora não a negasse, tentava dar uma versão um pouco diferente do que era demanda.

Para os médiuns, o terreiro tinha sido fechado porque o presidente não havia entregado a casa a Aparecida, que por isso ela teria feito a demanda. Com a demanda ou por causa dela houve a desunião dos membros do grupo e, como disse a mãe-pequena, "... uma desunião acaba tudo, tudo mesmo ... onde não há compreensão não há nada, entende? Um contra o outro. ... Quer dizer que não podia ir à frente de maneira nenhuma."

A demanda era afirmada por todos, mas havia variações em torno de outras causas que haviam provocado o fechamento do terreiro.

A mãe-pequena, Sônia, que de início estava a favor de Pedro, pretendendo abrir um terreiro com ele e tendo até alugado um quarto para isso, mudou sua posição no final. Desistira da idéia porque não iria trabalhar com um pai-de-santo "que não tinha força". Disse ela: "Se ele fosse um pai-de-santo, se tivesse competência ... se tivesse força mesmo, o terreiro não fechava."

Além disso, afirmava ter se decepcionado com o pai-de-santo porque percebera que ele estava apaixonado por ela. Achara também horrível a atitude dele em relação ao dinheiro das consultas, querendo que fosse repartido. Afirmava ainda que não acreditava em todas as demandas que o pai-de-santo proclamava: "A demanda ali dentro era uma só, a da Aparecida. Isso é certo. ... Ele dizia que apanhou galinha, apanhou alguidar ... eu não acredito. ... Isso eu desconfiei porque acho que foi preparado por ele para amedrontar a gente." Disse ainda que ele inventava aquelas demandas, "naturalmente pra ficar lá. Porque tinha necessidade. Porque, você sabe, a necessidade faz a pessoa fazer tudo. Então eu acho assim, ele tinha necessidade de ficar ali. Porque eu acho que ele não tinha condição de vida para se manter, então, ali, ele tinha tudo."

Sônia acusava, ainda, o pai-de-santo de estar demandando contra d. Leda: "Eu não entendo, ele pedia ajuda e demandava ao mesmo tempo." Afirmava, ao lado disso, que Mário trabalhava com orixá encostado e que não poderia ser pai-de-santo: "Ele não tem uma coroa bonita*, os guias dele são todos conhecidos. Pra ser um pai-de-santo a pessoa precisa ter muitos guias e guias fortes. Os guias dele são todos comuns, pai Benedito, ciganinha..." Disse também que Mário não tinha capacidade para ser pai-de-santo embora sempre tivesse afirmado que "aquilo ali ia pra frente e que ele ia continuar com o terreiro" e que Mário a invejava porque Pedro ensinava-lhe coisas: "Mário achava que quem devia saber era ele e não eu."

Sônia disse-me um dia:

> Tudo que começa mal geralmente não acaba bem, a não ser que a pessoa lute muito e ali ninguém lutava. Ali dentro você só via um querendo empurrar o outro, um querendo jogar o outro dentro do fogo ... quer dizer a pessoa nunca, jamais, poderia pensar que aquilo ia pra frente. Eu tenho certeza ... que foi demanda da Aparecida. Ela fez isso pra todo mundo ficar brigando. Porque, você sabe, a desunião acaba tudo. Tudo, tudo mesmo. Porque onde não há compreensão não há nada. Ali dentro não havia, ninguém compreendia ninguém, ninguém se entendia. Um contra o outro. Ultimamente só o que se via ali era um contra o outro. Aparecida era dona do terreiro e fez demanda pra fechar o terreiro. O interesse de fechar era dela.

Sônia desconfiava ainda de que o fim do terreiro também tivesse sido causado pelo fato de Mário não ter querido fazer a obrigação que o terreiro devia a seu Sete Encruza. "Porque ele disse que se não fizesse ele ia fechar, ia fazer bagunça. Eu acho, não sei bem, porque essa entidade é muito traiçoeira, tá fazendo e tá dizendo que não. Às vezes, quem sabe, foram eles mesmos. Eles estavam ali pra fazer e fizeram e aconteceu isso, o terreiro fechou."[14]

Os outros médiuns afirmavam que tudo acontecera em parte por causa da demanda da Aparecida, em parte por causa de Mário. Segundo Marina, "em parte é a Aparecida, ela queria a casa e ele (Mário) não deu. É demanda dela. Mas não é só isso. O Mário é muito orgulhoso e quis saber mais do que o Pedro. Não sei pra que serve tanta instrução, Yvonne, me explica? Mário já dizia que ia ficar diferente quando fosse presidente. Ele disse que não ia ser bonzinho, não."

Pedro dizia: "Vocês não podem saber a tristeza que está dentro de mim. Eu sempre acabo culpado, sendo inocente. Fui derrotado." E falava, ainda, que a casa tinha três demandas, mas não dizia de quem eram elas.

Mário tinha uma versão diferente, não só da demanda como também das outras causas que teriam provocado o fechamento do terreiro. De um lado, afirmava que a melhor solução tinha sido fechá-lo, pois, se continuasse, "... além de ter a guerra iniciada pela Aparecida, eu teria outra guerra por ele (Pedro)." De outro lado afirmava:

> Orixá não guerreia. Um orixá não suportaria aquela palhaçada que estava se passando no terreiro. Um orixá, um espírito de luz*, jamais vai guerrear por causa de coisas terrenas. Pelo contrário, entram em entendimento e resolvem o que vão fazer, e não entram em guerra. Se chegar um momento de um orixá entrar em guerra com outro no terreiro é porque o terreiro tem de ser fechado.
>
> A demanda é uma guerra, mas não é com orixá de luz*. Porque este orixá não faz demanda. A matéria pede mas os orixás usam um espírito sem luz*. Por exemplo, dentro da falange do cemitério existem os espíritos de luz e os sem luz. Um guia de luz vem para prestar caridade, e não maldade. Mas ele chama um orixá sem luz que faz o trabalho e fica naquela corrente vibratória do mal. Ou então, se um orixá de luz acha que o que o filho está pedindo é certo ... se há uma corrente positiva para o que ele está pedindo, então ele faz. Ele concede essa autorização para que seja feito o mal. O que é mal para você talvez não seja para ele. Porque eu peço uma coisa de mal para você e penso que vai fazer mal mas, na realidade, pode causar bem a você. ... O que é mal para você talvez não seja para ele (orixá). São essas coisas que eles nunca vão entender, que aquela gente ignorante não entende.

Mário negava que Aparecida tivesse feito demanda contra o terreiro e dizia:

> Não tinha demanda da Aparecida, não. O que aconteceu foi que ela, em vez de abrir o terreiro com caboclo, abriu com exu. Quer dizer, ela não tinha condições e daí pra cá o terreiro não conseguiu sobreviver. Assim, ela chamou esses quiumbas, espíritos sem luz, que vão e ficam lá. Eles estão a fim de bagunçar, de fazer guerra de irmão com irmão, filho-de-

santo com pai. O Pedro veio, não tinha força, porque não era honesto, queria bancar a sapiência. Ele queria vida fácil, queria a terra.

Embora enfatizasse o erro na abertura do terreiro como causa de seu fechamento, Mário chegou à mesma conclusão de Sônia, ou seja: a demanda provocava a desunião, um contra o outro: "... guerra de irmão com irmão, filho-de-santo com pai."

Mas Mário não negava a demanda que Pedro estaria fazendo contra ele: "Pedro tem condições de preparar qualquer coisa para me fazer mal. Ele conhece a magia e pode usá-la contra mim." Mário afirmava que Pedro estava sentindo que seus guias estavam tomando conta do terreiro e queria tirar sua força, mas não conseguiu. Disse ele:

> Nenhum pai-de-santo deixa o filho tomar conta da terra. Quando sente que o filho está tomando conta ele tira a força do filho. Mas ele não conseguiu, pois não sabia minha origem. Pedro disse que ia prender as linhas do pai Benedito e o pai Benedito disse que não, que se ele não tinha pego suas linhas até agora não ia pegar mais. Ele foi derrotado, foi uma derrota completa. Porque um pai-de-santo realmente prenderia as minhas linhas. Eu não poderia mais trabalhar e ficaria doido. Ficaria doente e, ao contrário, eu não tenho nada.

Mário dizia que Pedro não podia ser um pai-de-santo por ser um cachaceiro, mas ele podia, pois tinha uma coroa bonita, uma coroa espiritual boa. "Se eu não tivesse uma coroa bonita, o Pedro não teria saído de lá. Mesmo eu sendo, praticamente, dono daquilo lá, os orixás teriam convencido os meus a aceitá-lo, a continuar, e eu dei chance a ele para isso ... só agi na quarta-feira."

Finalmente, a posição do presidente, embora aparentemente ambígua, pois negava a guerra de orixá, esclarecia a própria demanda. Dizia que se um orixá de luz achasse certo o que o filho estivesse pedindo, concederia autorização para que o mal fosse feito. Assim Mário, no ato de expulsão do pai-de-santo, comportou-se como um demandeiro*, declarando: "A cerveja é de Ogum. Ogum é contra demanda, é meu guia de frente. Eu estava na irradiação dele, ele foi comigo, tudo já estava esperado. Tanto assim que Pedro sentiu isso. Tanto sentiu que não teve reação nenhuma."

Mário, mesmo tentando encobrir a demanda, no nível consciente, usou a prática de um demandeiro, vindo na irradiação de Ogum para vencer o pai-de-santo. Porque "Ogum, nos campos de batalha, venceu a guerra sem perder soldado".

Uma cliente[15] de Mário tinha uma versão também esclarecedora sobre o fim do terreiro:

> É, aquilo ali era só confusão. Quando ia parecendo que estava tudo bem, acontecia uma confusão. A Aparecida fez alguma coisa contra o terreiro e o Pedro também. Os dois estão fazendo coisas pro Mário. Ele perdeu o emprego e o pai Benedito disse que eles agora iam querer tirar nós (a família da cliente) do Mário. Que eu era a única pessoa que gostava e ajudava o Mário, mas eles queriam tirar nós dele. Mário ia ficar sem ninguém, perdido por aí. E é mesmo, porque na semana passada me deu um ódio do Mário que eu não sei explicar.

Acompanhei a trajetória do grupo, depois do fechamento, por mais dois meses. A grande maioria não voltou ao terreiro de origem, mas procurou outros onde se integrar. O pai-de-santo passou algum tempo freqüentando a casa de alguns médiuns, especialmente de Sônia, mas não revelou onde eram suas outras terras. Passado algum tempo, deixou de procurar os médiuns e o grupo se dispersou.

Acompanhei também a trajetória do presidente por mais um ano. Depois de entregar a casa onde se localizava o terreiro, transferiu os objetos rituais para sua residência (as imagens, o gongá propriamente, bancos, cadeiras etc.), onde passou a dar consulta. Um mês depois, dois médiuns que se haviam afastado após o internamento da mãe-de-santo e que tinham voltado para o terreiro da rua do Bispo foram trabalhar com ele. Algum tempo depois, passou a fazer sessões, e não apenas consultas. Assim, a Tenda Espírita Caboclo Serra Negra continuava sua vida sob a chefia de Mário. Mas no certificado da Congregação Espírita Umbandista permanecia o nome de Maria Aparecida como mãe-de-santo. Mário, quando expulsou o pai-de-santo, afirmou que iria fazer cabeça, mas mesmo sem cabeça feita poderia ter sua terra. Porque, "quando um filho já nasce feito*, não precisa passar pelo ritual. Eu vou fazer cabeça* pra que depois ninguém diga que eu não tenho cabeça feita. Caso algum Pedro apareça e diga que eu não tenho cabeça feita. Ele teve necessidade de fazer tudo, mas eu não tenho. Posso abrir um terreiro e agüentar firme. Vou fazer minha cabeça, vou ter minha mãe-de-santo. Eu vou lá só receber aulas."

No mês de maio de 1973, Mário inaugurou seu terreiro, tendo passado por alguns rituais de iniciação, mas sem ter feito cabeça. Iria fazer alguns meses mais tarde. Sua mãe-de-santo trabalhava no candomblé*, como me disse, mas ele não iria fazer o mesmo. Seguiria o mesmo padrão das sessões do terreiro estudado. Assim iniciou-se um novo drama, com a abertura de um novo terreiro sob a chefia de um novo pai-de-santo, o antigo presidente. O certificado da Congregação transferiu-se para seu nome. Mário tornou-se pai-de-santo e presidente do novo terreiro, Tenda Espírita C.J.[16]

O DRAMA: ANÁLISE

Antes de analisar o drama, pretendo discutir o tipo de corte que foi feito. Ou seja, porque coloquei o início do drama na criação do terreiro e o final no seu fechamento. Poderia ter feito outros tipos de corte, pois uma sessão pode ser um drama ou a vida do terreiro poderia ser dividida em vários dramas.

Estou, no entanto, procurando descobrir um padrão que possa explicar o desenrolar da criação de um terreiro, ou seja, por que o caso estudado teve esse tipo de desenvolvimento. O caso não é único; terreiros são abertos e fechados em grande número. Outros continuam sua trajetória por um longo período e conseguem manter-se apesar das crises. Ao lado disto, no sistema de representações do grupo, existe sempre a possibilidade de criação de um terreiro novo, sempre vista de forma perigosa, e a demanda é a expressão simbólica que define tal perigo. Assim, quando um novo terreiro é criado, existe o perigo da demanda, quer de terreiros vizinhos, quer dos terreiros de origem dos médiuns integrantes do novo. Na própria exegese dos membros do terreiro estudado era prevista uma crise depois da inauguração. Mas essa crise poderia ter sido contornada e poderia ter havido um outro tipo de desenvolvimento do ciclo de vida do terreiro. A demanda serviu, ainda, como explicação para o fim do terreiro. Assim, partindo dessa colocação inicial, procurarei ver uma lógica processual nesse drama, que poderá servir como paradigma para explicar terreiros que tenham uma equivalência estrutural com o caso estudado.

Inicialmente pretendo responder a algumas questões-chave, a fim de detectar uma lógica processual nesse drama. Primeiro, qual o perigo representado pela abertura de um novo terreiro. Segundo, o porquê da classificação de mãe-de-santo como louca e como explicar essa loucura. Terceiro, como explicar o conflito entre o pai-de-santo e o presidente. E, finalmente, como esclarecer o fechamento do terreiro. Na versão dos seus membros, a "demanda" entra, de uma forma ou de outra, como explicação para essas questões.

A primeira constatação é a de que na criação do terreiro existe uma relação conflituosa entre filhos e seus pais ou mães-de-santo. O grupo inicial de médiuns que formou a Tenda Espírita Caboclo Serra Negra era composto, em grande parte, de pessoas oriundas de outros terreiros, especialmente do terreiro da rua do Bispo. Sempre que relatavam a criação do terreiro Caboclo Serra Negra, falavam muito de por que tinham decidido abri-lo ("para ajudar a mãe-de-santo", "porque ali todos eram amigos"), mas quase nunca mencionavam por que tinham deixado o terreiro de origem.

Um grupo de médiuns que deseja sair de um terreiro sempre enfrenta uma decisão conflituosa. De um lado, esse ato implica a quebra de uma norma fundamental que regula a vida do terreiro, ou seja, rompe-se a norma da obediência dos filhos em relação ao pai-de-santo e desequilibra-se a própria hierarquia do terreiro. Assim, de início, segundo o grupo, o que estava ocorrendo no terreiro estudado era conseqüência da demanda do terreiro de origem. Essa acusação expressa uma relação conflituosa entre filhos e pais ou mães-de-santo, pois estes últimos podem demandar para vingar-se dessa perda e da quebra dessa norma. Essa relação conflituosa foi confirmada no decorrer do drama, pois as demandas acusadas eram, em grande número, entre filhos e suas mães ou pais-de-santo. De outro lado, a saída de um terreiro provoca uma segmentação quando esse grupo resolve abrir uma outra terra.

O grupo classificou o comportamento da mãe-de-santo como o de uma pessoa louca. Ela tinha ficado "louca", "doida", "maluca" e o grupo todo manteve-se coeso no que se referia a essa classificação. Todos concordavam que ela ficara louca e, mais uma vez, a causa de sua loucura era a demanda que tinha com sua mãe-de-santo. O fato de todo o grupo ter classificado seu mal como loucura e ter aceito seu afastamento por esse motivo é significativo. Com isso, deslocavam o problema de suas relações com seus pais e mães-de-santo, quando abandonaram seus terreiros de origem, para a relação dessa mãe-de-santo com sua mãe-de-santo. A frase de um dos médiuns é a expressão dessa problemática: "Pensamos que fosse demanda do terreiro da rua do Bispo, mas depois vimos que era por causa dela estar louca."

A causa dos problemas estava localizada, e não era mais a criação do terreiro, e sim a demanda entre a mãe-de-santo e sua mãe-de-santo. Redefiniram-se, assim, as fronteiras do grupo, com a expulsão do mal personificado na mãe-de-santo. O grupo foi novamente reestruturado, na medida em que expiou sua culpa de ter rompido uma relação com seus pais-de-santo de origem, quando atualizou o sacrifício da mãe-de-santo do novo terreiro. Sacrificando a mãe-de-santo, as novas fronteiras do grupo definiram-se, uma vez que o mal fora localizado e extirpado.

O grupo sacrificou a mãe-de-santo, expulsando-a do terreiro, e para expulsá-la estigmatizou seu comportamento: ela era louca e sua loucura se revelara quando atuou fora dos padrões, expulsando alguns de seus filhos e dizendo coisas estranhas. Para retirar a mãe-de-santo do terreiro tinham de encontrar um tipo de acusação cujos efeitos não pudessem ser controlados ritualmente. A loucura pode ser curada através de rituais no terreiro, mas, no caso, como os acusadores tinham menos poder do que a acusada, tinham de fazer uma acusação que não pudesse ter uma solução interna. A loucura da mãe-de-santo só poderia ser curada fora do mundo sagrado e fora do terreiro. Se fosse aí solucionada, ela talvez pudesse continuar com seu poder.[17]

A demanda serviu como expressão simbólica para definir essa relação ambígua e conflituosa entre filhos e seus pais ou mães-de-santo. Ela não apareceu apenas como acusação ao terreiro de origem e à mãe-de-santo; surgiu também quando a mãe-de-santo acusou sua mãe-pequena. A mãe-de-santo foi acusada, também, de estar demandando contra o terreiro, ou seja, com seus ex-filhos. O pai-de-santo foi acusado de estar demandando contra sua mãe-de-santo e o conflito entre o pai-de-santo e o presidente não só foi visto como uma decorrência da demanda da primeira mãe-de-santo, mas também classificado como uma guerra de orixá. Ou seja, novamente um conflito entre pai e filho-de-santo teve na demanda sua expressão simbólica, pois Mário, o presidente, era também médium. Finalmente, a causa do fechamento teria sido a demanda da primeira mãe-de-santo, ou seja, Aparecida teria feito demanda contra seus ex-filhos-de-santo.

Ao lado disso, o ritual da feitura de cabeça era também visto pelo mesmo grupo como perigoso, pois "o pai-de-santo, nessa cerimônia, pode tirar toda a força do médium". São os pais e mães-de-santo, também, que sabem fazer demanda; "uma pessoa que tá nova assim no santo, que não tem preparos ainda, ela não sabe o que é demanda. Só eles é quem sabem." Os pais e mães-de-santo teriam mais força, pois, "como a mãe-de-santo sabe tudo sobre seus filhos, pode fazer muita coisa".

De um lado existia uma regra que obrigava aos filhos obediência a seus pais ou mães-de-santo. De outro lado, no entanto, essa obediência era considerada perigosa, pois um "pai-de-santo pode tirar a força do médium". A demanda expressa esse perigo, pois vence aquele que é mais forte, ou seja, aquele que dispõe de maiores poderes para acionar as entidades a seu favor. Assim, a frase de Sônia expressava esse perigo: "Só eles sabem" (o que é uma demanda).

No entanto, nem sempre os pais e mães-de-santo vencem a demanda. Nessa guerra/batalha/briga, pode construir-se a força do filho. No drama relatado isso aconteceu no conflito entre o pai-de-santo e o presidente. O pai-de-santo foi expulso e o presidente (um filho-de-santo) tornou-se pai-de-santo. Logo, de um lado, a demanda serviu para marcar as fronteiras externas do grupo quando houve o sacrifício da primeira mãe-de-santo e, de outro, para marcar suas fronteiras internas, ou seja, as posições no grupo. A relação entre filhos e pais ou mães-de-santo não é uma relação estática e, através da demanda, redefinem-se os dois pólos e suas funções. Manipulando a demanda, manipulam-se as posições entre esses pólos e, nesse sentido, a demanda é funcional para a constante redefinição dessas posições e do poder no terreiro.

O fim do terreiro Caboclo Serra Negra foi uma das expressões dessa problemática, pois a redefinição das posições iniciou-se com a saída do terreiro da rua do Bispo, prolongou-se com o afastamento da mãe-de-santo, terminando com o conflito entre o pai-de-santo e o presidente. Supondo-se que o pai-de-santo fosse o vencedor, teria havido, de qualquer forma, uma redefinição de posições com a expulsão do filho, reforçando assim o poder do pai-de-santo.

Logo, o princípio que regulava o drama descrito era a demanda como uma prática mágica que visava definir as fronteiras internas e externas do grupo. Essa prática mágica redefinia, constantemente, o poder das partes em conflito.

Gostaria de levantar, como hipótese, que essa relação conflituosa entre filhos e pais-de-santo provoca um processo de segmentação. O idioma da relação pai-de-santo e seus filhos conduz a tal segmentação, estruturalmente semelhante a uma segmentação de linhagens.

Logo, poder-se-ia traçar a história de vários terreiros a partir de um único ponto de origem, que se segmentaria sucessivamente. Um outro exemplo claro desse tipo de processo foi encontrado no Candomblé do Engenho Velho, na Bahia. Em *Candomblés da Bahia*, diz o autor: "O Candomblé do Engenho Velho deu, de uma forma ou de outra, nascimento a todos os demais..." (Carneiro, 1948, p.31). As múltiplas segmentações desse candomblé deveram-se à luta pelo poder quando uma mãe-de-santo morria e tinha de ser substituída. Esse processo de segmentação, no entanto, não foi detalhadamente descrito nem analisado na literatura.

Resta, ainda, verificar o significado do princípio organizatório do drama em relação à sociedade mais ampla onde o terreiro se inseria. Em *O processo ritual*, Turner (1974) descreve os rituais como comportamentos formais que expressam, no nível simbólico, conflitos ou problemas estruturais da sociedade mais inclusiva. Analisarei o que estava sendo revelado no drama descrito nos próximos capítulos.

CAPÍTULO III

Quatro personagens do drama

Pomba-gira é mulher de sete maridos. } *bis*
Não mexa com ela, ogã } *bis*
que ela é um perigo.

Tia Maria Luísa dendê. } *bis*
Ela vence demanda dendê.
Ela vem de aruanda denda.*

Exu que tem duas cabeças.
Ah! ele olha sua banda com fé.
Uma é satanás no inferno. } *bis*
Outra é de Jesus Nazaré.

Aí vem Xangô descendo à terra.
Ele vem descendo a sua trilha;
Os filhos de terreiro gritam
Caô cabecile*.

Pontos cantados de: pomba-gira, exu de duas cabeças,
preta-velha Tia Maria Luísa e Xangô

Neste capítulo relato quatro histórias de vida de pessoas que tiveram um papel importante no drama, assim como as mudanças ocorridas nesses comportamentos individuais no decorrer da vida no terreiro. As personagens não foram escolhidas aleatoriamente: são fundamentais para a compreensão do próprio drama.

Resolvi relatar histórias de vida quando percebi a enorme importância concedida ao indivíduo nos rituais analisados. Essa valorização de cada médium se dava em dois níveis. No primeiro nível porque nos rituais de umbanda a possessão é um fenômeno central. No segundo, porque, sendo o terreiro estudado um terreiro novo e com número pequeno de médiuns, a participação de cada um deles era enfatizada. Muitas vezes os rituais não podiam ser realizados se um deles faltasse.

A possessão valoriza a participação individual nos rituais, pois é um fenômeno no qual se pode ver, claramente, a intercessão do coletivo com o individual. Em *Tikopia Ritual and Belief*, Raymond Firth faz uma distinção entre possessão e mediunidade:

> Entendo por possessão os fenômenos de comportamento social anormal interpretados por outros membros da sociedade como indício de que o espírito está controlando as ações da pessoa e provavelmente habitando o seu corpo. Entendo por mediunidade a utilização de tal comportamento por membros da sociedade como meio de comunicação com o que supõem ser entidades no mundo espiritual. Para isso ser possível, o comportamento da pessoa possuída pelo espírito *deve ser*

> *inteligível ou passível de interpretação; isso significa que deve seguir alguns padrões razoavelmente regulares e previsíveis, usualmente de fala.* (Firth, 1968, p.296. O grifo é meu.)

Essa distinção é clara no caso estudado, visto existirem uma forma não-controlada de possessão e a mediunidade propriamente. Mais adiante este autor observa:

> A mediunidade em Tikopia era, então, *uma combinação sutil de características pessoais e sociais.* O estado de transe físico envolvendo alguma perda de consciência, elaboração de fantasia e aparecimento de características de personalidade diferentes das usuais era encarado pelos tikopia como baseado em uma realidade de caráter espiritual, com uma tarefa específica a realizar. (Firth, 1968, p.308. O grifo é meu.)

Logo, a possessão é um fenômeno coletivo, pois é um processo socialmente aceito, no qual as entidades que incorporam no médium fazem parte da mitologia e do sistema de representações do grupo. Mas ela é, ao mesmo tempo, a individualização desse coletivo, pois cada médium personifica uma ou várias dessas entidades, dando-lhes uma interpretação pessoal. Nos rituais de umbanda essa individualização é reforçada, pois os orixás que habitam o corpo do médium são "seus orixás". Na Tenda Espírita Caboclo Serra Negra cada médium tinha um preto-velho, mas pai Benedito era o preto-velho de Mário. A representação do preto-velho de Mário era em parte dada pelo grupo, em parte elaborada por ele próprio.

No tipo de possessão analisado, a valorização do indivíduo é duplamente reforçada. O médium é uma pessoa que se transforma em deus, mas esse deus é exclusivamente o seu deus. Por isso é importante verificar em que medida essas histórias de vida possibilitam compreender melhor esse tipo de possessão e o próprio drama.

Quero frisar que não vejo a possessão como um fenômeno de patologia social, como é considerada algumas vezes na literatura sobre cultos afro-brasileiros. Certos autores associavam essa "anormalidade" à raça negra ou às camadas baixas da população. Firth, no livro acima citado, embora encarando o aspecto psicológico e físico do transe, mostra como essa síndrome é incorporada pela sociedade tikopia a um sistema de terapia. Diz o autor sobre o idioma da possessão entre os Tikopia: "... ao dar uma tarefa social às pessoas sujeitas a distúrbios psicológicos, habilitam-nas, usando a terapia que pretendem aplicar aos outros, a encontrar sua própria expressão" (Firth, 1968, p.329). Ou seja, o *idioma* da possessão permite que esse distúrbio psicológico seja canalizado e aceito socialmente.

Em *Sociologia do comediante* (Duvignaud, 1972) existe uma abordagem menos psicologizante, sendo o fenômeno da possessão comparado com o trabalho de um ator de teatro. Através da possessão os atores estariam construindo modelos sociais não permissíveis ou possíveis de serem realizados na cultura em causa.

Como disse acima, a possessão pode ser vista como um fenômeno no qual o coletivo e o individual se cruzam. Pretendo entender essa interseção através de uma interpretação sociológica. Quero verificar que modelos sociais estão sendo construídos pelos "atores" do terreiro estudado.

Mário: o Presidente

Mário, estudante de ciências sociais, tinha 31 anos, era branco, solteiro e natural do interior de Alagoas. No início da pesquisa trabalhava como datilógrafo num curso pré-vestibular. Além disso, dava aulas particulares de história, literatura e inglês. Tinha oito alunos. Morava, na época, na Muda, bairro da Zona Norte.

Seu pai tinha uma fazenda[1] no interior de Alagoas e sua mãe teve nove filhos. Migrou para o Rio de Janeiro com 17 anos, vindo de Maceió, onde trabalhava como servente, *boy*, "fazendo de tudo para o patrão". Sentia-se insatisfeito: "Achava que lá não havia campo para mim." Resolveu vir para o Rio, dizendo à sua família que viria de qualquer jeito, nem que fosse a pé. Um tio seu, que todo fim de ano vinha ao Rio, deu-lhe uma carona. Ficou morando durante um mês na casa de umas primas. Conseguiu seu primeiro emprego como escriturário em uma farmácia. Não sabia bater à máquina e disse que sabia, tendo aprendido depois sozinho. Foi morar numa pensão e depois disso teve vários empregos, "em escritório, em laboratório, em firma norte-americana" e nessa época "só tinha" o segundo ginasial incompleto. Mário dizia já ter sido "desde servente (em Maceió) até assessor do diretor do Instituto Nacional do Livro". O pouco de inglês e francês que sabia aprendera sozinho, tendo também aprendido estenografia com a ajuda de um livro. Fazia questão de frisar que conseguira tudo sozinho. Mas seu sonho mesmo era estudar. Fez então o artigo 99, estudando sozinho, pois não tinha dinheiro para pagar um curso.[2] Passou em todas as provas, faltando apenas matemática, e se não passasse daquela vez teria de fazer todas as outras provas novamente. Foi, então, na companhia de uma amiga, consultar-se com um pai-de-santo. Este disse que Mário tinha uma grande proteção de Ogum e tudo o que lhe pedisse alcançaria. Não acreditava nessas coisas, mas, como o colégio onde fazia as provas era em frente a uma igreja de São Jorge — santo correspondente a Ogum —, resolveu acender uma vela. Quando estava no pátio do colégio, esperando, um rapaz aproximou-se e entregou-lhe as respostas da prova sem exigir nada em troca. Mário estranhou o fato, mas como não acreditava nessas coisas achou que era coincidência. Depois disso fez vestibular e passou. Durante minha pesquisa estava fazendo o terceiro ano do curso de ciências sociais.

Mário dizia que sua mãe era vidente. Todo dia antes de dormir fumava dois charutos e via tudo o que ia acontecer. Era filha de fazendeiro e como naquela época, segundo Mário, "filha de fazendeiro não estudava, cuidava da casa e casava", era analfabeta. Dos nove filhos, gostava mais de Mário porque ele era "diferente" de todos os outros. Era gago e não gostava de andar a cavalo, nem de pegar na enxada como os outros irmãos. Quando sua mãe morreu Mário tinha dez anos e passou a sonhar com ela. Conversava com a mãe, que se sentava na beira da cama, à noite, e dava-lhe avisos. Conversava, mas sem saber que estava conversando. Não tinha medo, sabia que ela estava sentada ali, mas não a via, pois não se lembrava direito dela, tinha apenas uma idéia mas não sabia se era exata. Um dia, quando já morava no Rio há algum tempo, um vizinho seu, que trabalhava no santo e vivia chamando-o para consultar-se, avisou-lhe que sua mãe estava encostada. Seu espírito tinha ficado "apaixonado" por ele e ficou encostado na matéria*. Um encosto ocorre quando alguém morre e seu espírito está precisando de algo, geralmente preces para obter luz, e se prende a uma pessoa, encosta na matéria. Se por um lado atrapalha a vida da pessoa, por outro ajuda, dando avisos. Mas Mário não acreditava nisso, até levar uma amiga para se consultar com o guia desse vizinho, justamente na data da morte de sua mãe, dia 13 de maio. Chegando lá, uma senhora que estava perto recebeu o espírito de sua mãe. Chorava e dizia que sentia gosto de sangue na boca. Mário ficou impressionado. Sua mãe havia justamente morrido de hemorragia interna. Mas depois não se impressionou mais. Esse vizinho dizia que ele tinha de se desenvolver porque tinha mediunidade, mas Mário não acreditava e não queria. Achava aquilo "uma palhaçada" e dizia: "Ah! Que o quê! Eu, estudante de sociologia, vou acreditar nisso? De jeito nenhum."

Em agosto de 1971, Mário internou-se na Cruz Vermelha para operar seu olho direito, pois era estrábico. Nessa época sentia muitas dores de cabeça e estava enxergando mal. No hospital começou a achar que devia sair de lá, estava sentindo-se mal e parecia que estava recebendo umas alfinetadas, como se fosse um aviso para que saísse. Disse que sempre que as coisas não lhe saíam bem costumava ter esse "estado de espírito". Resolveu não se operar e foi para a casa de uma amiga.[3] Lá encontrou uma senhora que recebia uma preta-velha (essa senhora futuramente seria a mãe-de-santo do terreiro) que disse não haver necessidade de operação, mandando que ele fizesse uns trabalhos. Fez alguns e passou a enxergar melhor e nunca mais teve dores de cabeça. Nesse dia a preta-velha confirmou que ele tinha um encosto de sua mãe e tirou o encosto mandando-o acender uma vela para a mãe e fazer algumas preces, pois ela estava pedindo luz. A partir daí nunca mais teve aqueles sonhos e conversas e passou a se sentir melhor. A preta-velha disse-lhe, ainda nesse dia, que tinha de "trabalhar", pois ele era médium. No entanto, não pretendia forçá-lo, porque sabia que Mário iria "botar roupa branca* automaticamente". Mandou que tomasse um banho de ervas, mas Mário recusou-se porque não acreditava nisso. Passou a gostar da preta-velha porque ela tinha conseguido melhorar sua visão. Mário afirmava que não sabia como havia conseguido, "o fato é que houve uma melhora, mas tudo pode ser coincidência".

Depois disso, começou a sentir outras coisas. Não conseguia dormir e "sentia coisas estranhas tomando conta do meu corpo". Não podia ouvir um ponto, nem um atabaque, nem ficar perto de uma sessão que se sentia completamente "desligado", como se estivesse em outro mundo. Ficava "apagado".

Nessa época morava num quarto e na mesma casa moravam duas senhoras: uma portuguesa que trabalhava num centro de mesa e d. Celeste. Às vezes corria de noite para chamar a portuguesa porque passava mal, e ela lhe dava passes* para que melhorasse. As duas senhoras confirmaram esses fatos e a portuguesa disse-me que a causa dos mal-estares de Mário era a sua mediunidade e que sempre dizia a Mário que ele tinha de se desenvolver.

Embora não acreditasse, Mário dizia não se impressionar com isso, pois sabia que devia ter alguma coisa de mediunidade. "Desde criança botava cartas de baralho comum e pelas expressões faciais da pessoa eu adivinhava o que estava pensando." Mesmo no início da pesquisa ria e dizia que poderia ser coincidência. Mário frisou que devia ter "realmente alguma coisa", pois, "entre nove irmãos, de repente ter saído de Alagoas sem ajuda de ninguém, sem nem saber que existia o Rio de Janeiro (nessa época eu não estudava geografia), já é alguma coisa".

Dois meses depois de ter saído do hospital, Aparecida, a senhora que recebia uma preta-velha, convidou-o para ir fazer uma obrigação na mata. "Ela sempre fazia obrigações na mata em outubro e na praia no fim do ano." Já estava mais acostumado e por isso foi com uns amigos e amigas, só por curiosidade. Chegando lá, os trabalhos já tinham começado e sentou-se de costas "sem olhar para os trabalhos, olhando para a cachoeira". No local havia uma mata e uma cachoeira. Começou a sentir uma sensação de "vácuo", de não estar presente. Sentia que estava "inteiramente perdido". Aparecida, nessa hora, estava incorporada com o caboclo Serra Negra. Mário disse:

> Ele me chamou (o caboclo) e colocou suas mãos em cima das minhas. Aí eu não vi mais nada. Foi a primeira vez que isso me aconteceu. Eu não recebia, eu pulava. Sentia as vibrações. Era como se fosse um choque elétrico. E à proporção que ele (o caboclo) me segurava, eu pulava e não me controlava e caía e ficava fora de mim.

A partir dessa data Mário começou a acreditar, pois passava mal quando alguém entrava em transe perto dele, mas disse: "Comigo nunca tinha acontecido nada. Como aconteceu tudo isso achei que tinha de colocar roupa branca e ver o que acontecia." Pediu então a Aparecida que lhe indicasse um terreiro e ela lhe aconselhou o da rua do Bispo.

Passou seis meses nesse terreiro e com menos de dois meses já estava recebendo. Continuava, no entanto, a consultar-se com a preta-velha de Aparecida. "Ela (Aparecida) era muito pobre e costumava dar consulta na casa dos outros." Por isso, resolveu emprestar-lhe sua casa para que pudesse dar consulta, porque sempre havia muita gente para falar com sua preta-velha.

O grupo que freqüentava a casa de Mário depois de algum tempo resolveu abrir um terreiro para Aparecida. Disse Mário: "A gente achava que tudo ia dar certo se todos cooperassem. Como eu era o mais instruído da turma e tinha mais facilidades, fui procurar uma casa e fiquei como locatário. Como ninguém queria ser o presidente, eu fui o presidente."

Em julho de 1972, no início da pesquisa, Mário não tinha ainda um ano de trabalho no santo, mas não queria "ficar preso a isso". Não acreditava em muita coisa. Mas disse que, depois de ter resolvido ajudar a abrir o terreiro e de Aparecida enlouquecer, achou que tinha de continuar. O terreiro não podia fechar, e afirmava: "Isso foi um dado que me levou a participar mais." Além disso, desde que começou a se desenvolver, a gagueira melhorou muito. Mário, quando estava em transe, não gaguejava. Nessa época perguntei se estava fazendo algum tratamento, pois sentia sua melhora, e ele respondeu: "Mas não deixa de ser um tratamento", e riu.

No início da vida do terreiro e antes de se configurar o conflito entre Mário e o pai-de-santo, sua atitude era bastante humilde. Dizia sempre que não entendia bem as coisas do santo, que era novo ainda, pois tinha menos de um ano de santo. Disse-me, inclusive, na primeira entrevista gravada, quando lhe pedi para explicar-me o que significavam os orixás: "Eu não entendo bem ainda não, não sei lhe explicar bem, quem pode explicar bem é o babalaô*." Também dizia sempre que não acreditava muito, que tinha muitas dúvidas, e procurava dar explicações psicológicas para os fatos.

Por um lado, minha presença como sua professora o inibia, e senti muitas vezes que ficava inseguro. Às vezes ria de sua situação de estudante de sociologia e médium ao mesmo tempo. Mas, por outro lado, também contribuí para aumentar o seu poder no terreiro. Mário já era reconhecido como um médium estudante universitário, mas o fato de eu ser sua professora e ter sido levada por ele para participar das sessões fez com que o grupo o valorizasse mais. De um lado, o grupo valorizava o fato de Mário "ter estudo" e de sua professora estar fazendo uma pesquisa no terreiro, mas, de outro, "ter estudo" não significava muito. Pelo contrário, podia fazer com que a pessoa se tornasse orgulhosa. Esta foi, posteriormente, uma das acusações contra Mário: ele "queria saber mais que o pai-de-santo". Ter estudo passou a ser, inclusive, uma questão discutida no grupo, e alguns desvalorizavam essa característica, valorizando mais um médium que, sem estudo, fosse muito bom no santo. O pai-de-santo muitas vezes reafirmou que mal sabia ler, mas quando em transe podia ler até nagô*.

Depois que fiz a primeira entrevista gravada com Mário, sua atitude mudou bastante. Já não dizia que não entendia muito; pelo contrário, o pai-de-santo e o grupo eram ignorantes e não sabiam nada. Deixou de afirmar que não acreditava em muita coisa e alegava que o pai-de-santo sabia a magia de um terreiro porque já vivera muitos anos nisso ("Um ogã, quando tem 12 anos de terreiro, ele conhece toda a magia."), ao passo que ele, Mário, podia conhecer mais, pois, segundo disse, "tinha mais cultura e seus guias eram da linha oriental, de um ramo de cultura mais adiantado". Dizia que tinha certeza de que poderia ficar como chefe de um terreiro e poderia modificar "a estrutura de um ritual de umbanda para melhor".

Antes disso, aceitava muito mais o que o pai-de-santo dizia, como por exemplo o fato de terem de trabalhar para acabar com a demanda. Acatava mais as ordens do pai-de-santo e tinha uma relação mais amigável com o grupo, identificando-se mais com eles, pois, como os outros, ainda não sabia muito das coisas do santo. A mudança não se deu apenas em sua atitude diante do grupo, mas também na relação com seus orixás.

No início Mário recebia os seguintes guias: dois caboclos, o boiadeiro João Menino e seu Sete Estrela do Oriente; um preto-velho, pai Benedito d'Angola; uma criança, Pedrinho da Mata; uma pombagira, cigana, chamada Salomé; ogum Sete Estrelas e um exu, seu Sete Encruzilhada. Seus guias de frente* eram Xangô e mamãe Oxum. De todos esses, o que mais gostava de receber e recebia com maior freqüência era o caboclo boiadeiro João Menino. Só recebera a pombagira uma vez no terreiro da rua do Bispo e duas vezes no início da vida do terreiro estudado.

Mário afirmava: "Na umbanda, são sete as forças cósmicas, as linhas, e existe sempre uma dualidade, masculino e feminino." Portanto, um médium sempre recebe uma entidade feminina e uma masculina. Dizia que gostava mais de receber o boiadeiro e, realmente, nessa fase era este caboclo quem ele mais recebia. Explicava:

> Como sou um indivíduo de grande sensibilidade, quase uma sensibilidade feminina, acho que interiormente tenho uma força bem máscula. Então ela se exterioriza através do boiadeiro. Como acho que não consegui exteriorizar essa força máscula por causa de vários processos de

> condicionamento, então ela se exterioriza através do boiadeiro e me sinto melhor com o boiadeiro. O primeiro guia que tive aviso foi o boiadeiro, através de sonho e, realmente, o primeiro que eu não posso ouvir cantar um ponto dele nem nada que eu me manifesto logo.

Nessa época dizia que não gostava de receber a pomba-gira: "Ela é muito feminina e eu não me sinto bem recebendo-a. Mas estou chegando à conclusão de que tenho necessidade de recebê-la mais vezes. Não só pelo que ela pode fazer pelos outros como pelo que ela pode fazer por mim mesmo. Ela está me dando mais segurança." Dizia que não gostava de receber porque

> automaticamente, se ela é feminina eu fico efeminado e o problema é justamente esse. Que a maioria das pessoas nunca vão me ver como homem. Vão me ver como efeminado depois que ela for embora ... e causa uma série de transtornos. Então como ela é muito feminina, ela gosta de cabelo grande. Ela quer as jóias dela. Ela quer as roupas. A última vez que ela veio, mandou tirar a camisa que eu tinha do preto-velho e colocou um pano nos meus peitos.

Perguntei se isso não ia entrar em contradição com o boiadeiro, pelo fato de ser másculo. Mário respondeu:

> Cada força tem a sua maneira de ser. Então, isso não vai chocar. Eu, quando recebo o boiadeiro, sou másculo; quando recebo a pomba-gira, eu faço do jeito dela, porque se não fosse uma força cósmica que eu recebesse, como então eu poderia de um momento para o outro trocar de identidade? Se, de repente, estou com a pomba-gira, de repente o boiadeiro vem e passa na frente. Ela sobe e o boiadeiro vem e eu mudo completamente a minha personalidade?

Portanto, no início da vida do terreiro, Mário não gostava de receber essa força cósmica feminina porque poderiam vê-lo como efeminado. Gostava de receber a força máscula. Mas à medida que o tempo passou, e sobretudo depois que o conflito entre ele e o pai-de-santo se agravou, passou a receber mais sua pomba-gira e quase não recebia o boiadeiro.

Essa pomba-gira foi tendo sua representação construída aos poucos. De início, descia no cavalo ainda vestido com a roupa branca. Depois passou a exigir que ele retirasse a camisa e amarrasse um lenço vermelho no peito. Mais tarde Mário comprou um cálice para que pudesse colocar champanha, a bebida dessa pomba-gira. Comprou dois brincos, pulseiras e um lenço de seda colorido, no qual estavam presas pequenas medalhas douradas, para colocar na cabeça. No começo, sua dança era pouco movimentada e depois passou a ser construída de forma mais elaborada. Mário, com os cabelos grandes e envoltos no lenço de seda, o pano vermelho no peito, com pulseiras e brincos, dançava dando rodopios e longos passos. Sua voz foi se modificando, ficando cada vez mais lenta e usando um vocabulário educado. As outras pombas-giras falavam engrolado e diziam palavrões.

Um dia Mário estava incorporado com sua pomba-gira e esta perguntou-me: "Que diferença você vê entre essa matéria aqui (o cavalo) no terreiro e na faculdade?" Respondi que eram duas coisas diferentes. A pomba-gira olhou-me e disse: "Você não está entendendo. Essa matéria aqui (o cavalo) é a mesma, só que ela tem um pouco de mim (da pomba-gira). Uma parte dela tem um pouco da minha personalidade." Perguntei, então, por que ela só tinha descido naquele terreiro. Respondeu-me: "Esta é minha terra, aqui eu posso vir e ninguém vai se espantar com minha matéria. Lá no outro terreiro as pessoas não iam entender. Aqui é minha terra, lá eu não ia me sentir à vontade. Eu trabalho assim como você me vê porque me sinto à vontade."

Apesar dessa mudança havia, no entanto, uma constante na vida de Mário: o seu preto-velho. Do começo ao fim, Mário o via da mesma forma: "O preto-velho é uma grande parcela de mim mesmo. Ele representa a bondade. Gosta de dar conselho. Ele é um sujeito que não gosta de confusão, que não gosta de fazer mal a ninguém. Aconselha muito, não mente e procura ser justo. Eu, na vida real[4], procuro ser assim." Afirmou-me que, durante a prova de fogo, Pedro queria que seu preto-velho bebesse cachaça, mas preto-velho não bebe cachaça e, se ele tivesse chamado o seu exu Sete Encruzilhada, que bebe cachaça, tudo seria diferente. Seu preto-velho agüentou aquilo porque "era bom e de paz". Se fosse seu Sete Encruzilhada, seria tudo muito diferente, pois ele não teria agüentado e "aquilo ali (o terreiro) teria pegado fogo".

Depois do fechamento do terreiro, Mário acrescentou dois guias que ainda não havia recebido no início da vida no terreiro: Iemanjá e um velho marinheiro, José Firmino de Olinda, e colocou Ogum como seu terceiro guia de frente.

Mário, no início da vida do terreiro, tinha medo de entregar sua cabeça a um pai-de-santo e dizia que "um pai-de-santo pode tirar toda a força do médium, se quiser, nessa cerimônia". Afirmava que "toda minha força espiritual está na minha cabeça", e que não iria dar sua cabeça para um pai-de-santo desonesto, que poderia tirar a sua força. No entanto, depois que expulsou o pai-de-santo do terreiro, procurou uma mãe-de-santo e disse que iria fazer cabeça. Assim, depois de vencer o pai-de-santo, conseguiu confirmar seu poder e pôde então, sem medo, passar pelo ritual, "para que depois ninguém diga que eu não tenho cabeça feita". Sua força ficara assegurada no decorrer do drama, quando venceu um pai-de-santo.

Desde o início da pesquisa, mas especialmente no final, Mário usava um vocabulário bastante diferente do restante do grupo. Falava em força cósmica, na "psicologia" que tinha para perceber os fatos e ainda que "esse negócio de demanda é muito psicológico". Fazia constantemente a oposição ignorância e cultura, dizendo: "Essa gente é muito ignorante, eles vivem nessas cabeças-de-porco e só pensam que tudo que acontece é coisa feita. Eles não vêem os vizinhos como gente boa, todos só pensam que os vizinhos querem mal a eles." Ao passo que ele "tinha cultura", "tinha um nível alto" e não precisava aprender como os outros, que "não têm confiança neles quando estão sem santo*".

Marina: a Primeira Mãe-pequena

Marina tinha 24 anos, era solteira, negra, natural do Rio de Janeiro e manicura em um cabeleireiro. Morava com a família em um quarto na Tijuca. Tinha o primário incompleto e estava tentando estudar à noite. Trabalhava no santo desde criança. Tinha 11 anos de santo e no terreiro da rua do Bispo já havia passado por todos os rituais para se tornar médium (nesse terreiro não se fazia cabeça)[5]. No terreiro da rua do Bispo, embora com muitos anos de santo, não tinha nenhuma posição importante na hierarquia.

Ninguém de sua família trabalhava no santo, mas ela desde os 13 anos "estava no santo". Marina revelou que

> nessa idade comecei a sentir coisas. Não conseguia dormir. Via bichos enormes que cresciam no pé da minha cama. Não tinha sossego. Não

estava dormindo, mas os bichos estavam ali. Depois comecei a ter uma espécie de loucura, uma psicose quase. Não conseguia ver ninguém. Queria só correr e entrar numa mata. Pensava que assim aquela aflição ia melhorar.

Uma tia sua resolveu, então, ir a um terreiro, e lá disseram-lhe que Marina tinha de trabalhar no santo. Mandaram que ela fizesse uns trabalhos. Quanto a isso Marina confessou:

> Até hoje nunca fiz esses trabalhos. Fiz apenas os banhos porque minha tia preparava. Esse pai-de-santo falou pra minha tia que se eu não fosse trabalhar imediatamente ia ser tarde e eu poderia ficar maluca e até morrer. Mas eu morria de medo dessas coisas. Não podia passar em frente a um terreiro que meu coração batia e eu tinha de sair correndo.

Algum tempo depois uma colega quis levá-la ao terreiro que freqüentava, mas Marina não queria, tinha medo e, quando chegou na porta, correu para casa.

Mais tarde, outra colega resolveu levá-la e Marina disse que não iria. No dia marcado, no entanto, a colega trouxe uns amigos que, sabedores de toda a situação, convenceram Marina e a levaram. Era o mesmo terreiro a que sua tia fora fazer uma consulta sobre seu problema. Relatou-me: "Chegando lá fiquei tremendo, estava calor mas eu sentia um frio horrível e fiquei perto da porta, pensando que se fosse preciso eu saía. Para azar meu, depois que a sessão começava ninguém podia sair e um senhor que estava na porta me disse isso. Fiquei suando até o fim da sessão." O pai-de-santo chamou-a e disse que seu mal era provocado por seus orixás, que queriam fazer caridade e, como ela não trabalhava, não deixava, faziam isso. Resolveu então fazer a roupa branca e, rindo, falou: "Mas cadê coragem? A roupa ficou pendurada no armário cerca de quatro meses. Eu não tinha coragem de voltar lá." Um dia, o pai-de-santo disse a uma amiga que Marina tinha de ir trabalhar, pois não era bom "ficar com roupa virgem* em casa". Ela ficou assustada, porque não tinha falado sobre a roupa com ninguém, e então resolveu começar a trabalhar.

"Depois que resolvi trabalhar, passou tudo, principalmente agora que estou boazinha, firme no santo." Essa afirmação foi feita logo das primeiras vezes em que estive no terreiro, após a mãe-de-santo ter sido hospitalizada. Mais tarde contou que, quando a mãe-de-santo estava no terreiro, tinha quase enlouquecido: "Ela botou sete exus na minha cabeça e meus guias ficaram presos. Tive de fazer uns trabalhos, pois se não fizesse poderia ter enlouquecido." Depois de ter sido acusada de estar demandando contra a mãe-de-santo, deixou de ir ao terreiro, voltando apenas quando Aparecida foi internada. Esta, antes de sair, tinha aberto uma linha de exus para ela e, com isso, Marina não conseguia receber outra entidade. Nessa época recebia Maria Padilha, seu Sete Caveira, seu Sete Catacumba e muitos outros exus. Mesmo depois de ter feito os trabalhos para seus guias voltarem, ainda tinha muita dificuldade em receber outros guias que não exus.

Marina deixou de vir ao terreiro durante umas três semanas depois que soube da volta da mãe-de-santo. Quando retornou, numa sessão de domingo, veio sem roupa branca, coisa que antes nunca fizera porque, disse-me, "a única vaidade que tenho no santo são as roupas bonitas". Vestia-se sempre muito bem, com roupas rendadas e engomadas. Nesse dia veio de roupa comum e não queria ficar junto com os outros médiuns, até que o pai-de-santo lhe ordenou. Mas, quando cantaram o ponto de exu, caiu no santo, recebendo também outros guias. Depois da sessão disse-me que estava morrendo de medo da mãe-de-santo: "Ainda bem que não estava aqui quando ela veio, acho que morria se visse ela." Contou-me que tinha passado mal, indo até a um médico para pedir remédio. Não conseguia dormir e voltou a ver os bichos enormes ao pé de sua cama.

Marina nunca me contou o que tinha havido entre ela e a mãe-de-santo, a não ser um dia, quando estava em transe. Disse apenas que tinha tido um trauma muito grande e que não conseguia se conformar com o que acontecera com Aparecida. Nesse dia revelou-me: "Quase larguei esse negócio de santo. Tive uma decepção muito grande. Depois, pensei melhor e vi que ia ser pior pra mim se eu largasse. Eu não trouxe a roupa branca porque não queria nada com santo, mas quando cheguei não adiantou, eles me pegaram e eu caí (no santo) sem querer." Marina sempre afirmava que "uma vez que se entra pro santo, nunca mais a pessoa pode sair. É muito pior."

A primeira mãe-pequena durante muito tempo não conseguiu dormir e sempre "passava mal" depois das sessões. Até que um dia, antes do início do conflito entre o pai-de-santo e o presidente, conseguiu, como declarou, encontrar seu *eu*. A posição de Marina no drama mudou a partir do momento em que se estabeleceu o conflito entre o pai-de-santo e o presidente. De início ela era bastante ligada a Mário, mas, quando este ameaçou jogar sua pomba-gira na rua, passou a falar mal dele e a dizer que iria entregá-lo* à sua pomba-gira. Afirmou que Mário havia perdido seu emprego por causa disso e que ela nunca entregara ninguém a um guia, apenas Mário, por haver desrespeitado sua pomba-gira.

Marina depois desse dia tomou o partido do pai-de-santo, afirmando que Mário era muito orgulhoso e não entendia para que servia tanto estudo. Até o último momento da vida do terreiro Marina declarava que iria seguir o pai-de-santo e, junto com Sônia, queria abrir um terreiro com ele.

Marina não tinha uma clientela muito grande, mas mesmo depois de ter perdido o posto de mãe-pequena sua participação na vida do terreiro era intensa. Auxiliava nas consultas, escrevendo o que os guias prescreviam. Durante as sessões auxiliava os médiuns que estavam iniciando o transe para que não caíssem, e algumas vezes preenchia as funções da samba quando esta estava ausente.

Depois que conseguiu reaver o contato com seus guias, passando a receber menos exus, afirmou que seu preto-velho a tinha ajudado muito e que era um guia muito bom. Seu preto-velho, o velho Cipriano, era metade exu, metade preto-velho.

Pedro: o Pai-de-santo

Trabalhava como pedreiro em um colégio da Zona Sul, onde tinha sido servente, e depois passou a ser responsável pela cantina. Era portador de um defeito físico: sua mão direita era atrofiada e tinha a perna direita mais curta. Tinha 27 anos, era solteiro e natural do Estado do Rio de Janeiro. Não completou o curso primário e várias vezes afirmou-me: "Nunca passei do segundo ano, mas quando estou com santo posso ler até nagô."

Estava "na macumba" desde os 13 anos. Havia sido crente antes disso, mas não acreditava muito. Um dia, "estava na Bíblia" e começou a passar mal. Pegou então a Bíblia e saiu sem saber para onde ia. Resolveu, no meio do caminho, seguir para a casa de sua prima, d. Leda, em Nova Iguaçu. Essa prima tinha um terreiro. Chegando lá, ficou sentado perto dos tambores assistindo à sessão. Pouco a pouco foi se sentindo melhor e no fim já estava bem. Aí resolveu "ficar na macumba". Começou a aprender para ogã e quando completou 15 anos passou a ogã-iaô*. Com 17 anos chegou a iaô*, e sua mãe-de-santo permitiu-lhe que abrisse seu gongá (terreiro onde não se bate tambor e não é necessário ter mais de 13 médiuns). Abriu esse gongá com a ajuda de dois médiuns do terreiro de sua prima. Quando acabou de prepará-los e depois de já ter mais 13 médiuns, resolveu deixar este terreiro sob a orientação dos dois médiuns e abrir outra terra. Agindo do mesmo modo, abriu mais um, todos perto de Nova Iguaçu, sempre começando com um barracãozinho no fundo de algum quintal. Mais tarde, quando a prima foi ao terreiro Caboclo Serra Negra, disse que Pedro tinha sido batizado na macumba* e que na época os guias haviam dito que Pedro iria começar a trabalhar com 13 anos. Confirmou, assim, o relato do pai-de-santo.

Pedro afirmava que, como pai-de-santo, trabalhava em todas as linhas, ou seja, sabia dirigir qualquer tipo de cerimonial e conhecia como cada orixá se comportava. Tinha uma coroa bonita, isto é, tinha muitos orixás e todos muito fortes. Ao lado disso, era médium vidente*, ouvinte* e radiante*.

Pedro relatou-me essa história umas três vezes da mesma forma. Não acrescentava nenhum dado e falava quase mecanicamente sobre os fatos e datas. Quase nunca falava de si quando conversava comigo e procurava dar mais informações sobre o ritual, sempre em tom professoral. Ria muito de minhas perguntas e dizia que os fundamentos* eram muito difíceis e que era preciso muito tempo para aprendê-los.

Nos últimos dias de vida do terreiro passou a falar um pouco mais sobre si mesmo e sobre seus orixás. Contou-me que seu preto-velho tinha se manifestado em sonho: sonhou que estava caminhando em direção ao mar e de longe via um velho sentado na beira da praia cantando um ponto. Ainda podia lembrar-se do azul do mar no sonho. Foi-se aproximando e o velho, cantando, até que quando chegou perto pôde ouvir bem o ponto, que era o do velho Caetano. O velho disse-lhe o nome e desapareceu. "Velho Caetano era um africano e tinha tido muitas guerras em sua vida."[6]

No dia em que foi expulso do terreiro, contou mais detalhes de sua vida. Disse: "Macumba boa era quando eu era rapaz." Tinha uma turma de amigos e depois de uma semana de trabalho, quando chegava sábado e seu terreiro "não batia" (não havia sessão), ia "procurar macumba". Ia de terreiro em terreiro até a madrugada. Repetia que aquilo é que "era macumba boa", pois naquelas procuras sempre saía uma briga, uma vez que seus amigos eram "demandeiros à beça".

Contou que ele só brigava quando estava incorporado, jamais brigara sem santo e, rindo, disse: "Sou medroso pra brigar."[7]

No início, afirmava que só tinha ido para o terreiro estudado para ajudar, e pretendia preparar os médiuns, deixando-o depois, como havia feito com os outros. Depois da volta da mãe-de-santo, porém, não falou mais nisso, nem fazia menção de preparar os médiuns. Tentou, inclusive, que o presidente passasse o certificado da Congregação Espírita Umbandista para seu nome. Passou a morar no terreiro e cerca de 15 dias depois perdeu o emprego, afirmando que isso ocorrera por causa da demanda. Passava os dias inteiros no terreiro e saía apenas para ir a casa uma vez ou outra. Depois conseguiu alguns biscates no mesmo colégio de onde tinha sido despedido e saía alguns dias, voltando muito cansado.

No início recebia muitos orixás, embora ficasse a maior parte do tempo incorporado com seu preto-velho. A partir do conflito aberto com o presidente, quase não recebia durante as sessões de domingo, apenas olhava o que se passava e comandava a sessão. Isso deu margem a que alguns médiuns o acusassem de não ter santo, sendo o presidente o mais ardente defensor dessa tese. Mas no início todos haviam ficado impressionados com seus guias, principalmente com seu preto-velho, que enfiava um punhal[8] no peito e rolava em cacos de vidro sem machucar o cavalo. Isso ocorreu algumas vezes e, quando o conflito com o presidente se agravou, outros orixás de Pedro fizeram o mesmo, como uma criança, que ele só recebia de três em três anos e que incorporou quando Mário ameaçou jogar a pomba-gira de Marina na rua. Durante a prova de fogo outros orixás também rolaram em cacos de vidro.

Jogava búzios muitas vezes sem estar incorporado e tinha um caboclo, "médico", que, no início, dava consultas para pessoas com problemas de saúde.

Seus guias de frente eram Xangô e Iansã. Segundo sua mãe-de-santo, dois de seus guias, Xangô e Ogum, batalhavam sempre entre si, e por isso o cavalo tinha muitos problemas, mas Iansã o salvava, protegendo-o dessa guerra.

Pedro era filho-de-santo dessa prima e, quando ela esteve no terreiro, percebi que os dois usavam vocabulário semelhante, algumas palavras que diziam ser nagô e o mesmo tipo de representação de seus orixás. Estes falavam muito engrolado e a representação corporal não mudava muito de um para outro, como se dava com os dos outros médiuns.

Pedro contou-me sobre uma briga com sua mãe-de-santo, motivada por um problema que tivera com a filha dela. Os dois trabalhavam no mesmo colégio e, nessa época, Pedro tomava conta da cantina. Um dia, a filha de d. Leda levou a chave do cofre onde estava o dinheiro e Pedro "teve um aviso" de seu preto-velho de que a moça tinha levado o dinheiro. Foi então até o cofre e rezou uma oração "para abrir coisas fechadas". O cofre abriu-se e, realmente, o dinheiro tinha sumido. No dia seguinte foi até a casa de d. Leda e acusou sua filha, saindo, como me disse, "uma briga de tapa". Desde então sua mãe-de-santo não falou mais com ele até o dia em que foi ao terreiro para ajudá-lo.

Corria entre os médiuns que o pai-de-santo demandava com d. Leda. Segundo Sônia, Pedro havia feito um trabalho contra d. Leda usando a bengala da preta-velha da mãe-de-santo, feita de um galho de árvore. O trabalho tinha sido depositado na casa das almas. Pedro colocara a bengala junto com as comidas de Obaluaê. Isso significava que estava pedindo alguma coisa de mal para sua mãe-de-santo. No entanto, Pedro fazia questão de enfatizar muito que sua mãe-de-santo era muito boa no santo e que tinha vindo ajudá-lo. Quando me apresentou a ela, disse: "Esta é minha mãe-de-santo, minha babá*", e, voltando-se para d. Leda: "Esta é a professora de Mário", pedindo depois a meu aluno que explicasse o que eu estava fazendo no terreiro.

Pedro afirmou-me certa vez: "Hoje em dia não existe mais terreiro quimbandeiro puro, todos são traçados ..., a não ser na roça. Mas nós trabalhamos com a magia negra para defesa. Temos de proteger nosso anjo da guarda e por isso eu trabalho com o mal, mas só pra defesa."

O pai-de-santo nunca repreendia os médiuns; a única vez em que o vi fazê-lo foi com sua irmã. Quando tinha de dar avisos, ou mesmo repreender, fazia-o em estado de possessão. Falava pouco e ouvia muito os orixás dos médiuns quando estavam na terra. Muitas vezes pedia ajuda aos orixás dos outros médiuns para auxiliar algum médium a entrar em transe. Nunca exigia que os guias subissem, sempre pedia que o fizessem, dizendo: "Vamos subir, minha gente!" No entanto, freqüentemente contava histórias nas quais sempre havia uma morte causada pelos guias dos médiuns que não se comportavam direito. Um amigo seu, por exemplo, morrera baleado e seu preto-velho já lhe tinha prevenido de que "se não andasse direito, ia acabar morrendo baleado".

Sua relação comigo era bem distante. Tratava-me de senhora e ria quando me dava explicações, como se quisesse frisar minha ignorância nas coisas do santo. Mas, ao lado disso, procurava ser cordial, principalmente quando em estado de possessão. Seu preto-velho sempre dizia que ia me proteger: "Desculpa esse velho baiano (velho Caetano da Bahia), hoje ele não pôde dar atenção à senhora ... que sua estrela guie seus caminhos. Vá em paz."

Seu cotidiano era quase integralmente dedicado ao terreiro e às coisas do santo. Mais do que os outros médiuns, parecia não duvidar de nada, mas um dia, ouvindo uma gravação que eu tinha feito da sessão de domingo, disse: "Ouvindo assim, parece uma maluquice", e riu. Essa foi a única vez em que vi Pedro falar das coisas do santo com um certo distanciamento.

Sônia: a Segunda Mãe-pequena

Tinha 19 anos, era solteira, branca, natural do Rio de Janeiro, manicura "por conta própria" e tinha o ginásio incompleto. Morava com os pais em um quarto na Tijuca.

Freqüentava terreiros desde criança com sua mãe. Esta ia sempre consultar-se por causa de seu irmão, que não gostava de trabalhar nem de estudar. Em 1970 resolveu botar roupa branca e sua família não gostou. Disse-me Sônia: "Quando a gente entra, não tem mais tempo pra nada." Resolvera entrar "pro santo" porque "adoro essa religião. Escolhi essa em vez de outra porque é animada, é menos por causa do santo e mais porque é bom e animado. É por isso que não gosto de terreiro que não é assim, animado, que é triste. Você sabe, nem todo terreiro é bom." Sônia referia-se à dança, à música e dizia: "Quando os exus estão na terra fica sempre mais animado do que com os outros guias."

Sônia conhecera a mãe-de-santo Maria Aparecida há cinco anos e sempre se consultava com ela. Não sabia dos problemas e disse: "Já conhecia a Aparecida há algum tempo e nunca tinha visto ela assim doida, esquisita. Só vim a saber depois que ela fez aquela confusão toda lá no terreiro."[9] Tinha resolvido ir trabalhar com Aparecida porque gostava muito dela e conhecia as pessoas que iam abrir o terreiro com ela.

Quando Sônia entrava em transe não falava e era difícil reconhecer qual guia estava recebendo. Ficava sempre curvada e com o rosto muito vermelho, mas não aparecia a figura do guia. Seu corpo apenas estremecia. Disse-me um dia: "Meus guias não falam, mas eu não vou fingir que estou com santo, eles não falam mesmo, não quero enganar ninguém."

Sônia afirmou-me que sua "estrela era de mãe-de-terreiro" porque tinha uma coroa bonita. Embora seus guias não falassem, o pai-de-santo a tinha escolhido para ser mãe-pequena porque só confiava nela. Por isso, os outros médiuns a invejavam muito, principalmente Mário. "A gente sofre sem ter culpa. Eu não queria ser mãe-pequena, mas minha estrela é assim e eu tenho de ser mãe-de-terreiro." Sempre pedia ao pai-de-santo para tirá-la do posto, porque não precisava disso, só queria desenvolver seus guias para eles falarem e fazerem caridade, mas Pedro dizia que ela tinha de continuar.

No início entrava em transe nas sessões de domingo, mas não dava consulta porque os guias não falavam. Depois que o conflito entre o pai-de-santo e o presidente se agravou, ela não recebeu mais. Ficava apenas ajudando os outros médiuns e o pai-de-santo durante a sessão. Nessa época já não estava tão segura, como no início, sobre seus guias e sua coroa bonita, e um dia disse-me que ainda não acreditava nessas coisas porque seus guias não falavam. Só acreditaria vendo, "porque é preciso ver pra crer. Só vendo é que vou acreditar." O pai-de-santo afirmara que seus guias não falavam porque ela ainda tinha de fazer muitas obrigações. Contou-me que já vira muita mentira nesse meio e, até então, as únicas pessoas que tinham acertado nas suas "coisas" eram Pedro e Mário. O primeiro quando, jogando os búzios, dissera que sua pomba-gira era nova (ainda não tinha sido de nenhum outro médium) e, também, adivinhara muitos fatos de sua vida. O preto-velho de Mário também fizera afirmações corretas a respeito de seu passado.

Sônia era uma das médiuns que mais se dedicavam ao terreiro. Estava sempre lá, chegava muito antes das sessões para varrer, limpar e arrumar tudo, era sempre uma das últimas a sair e muitas vezes usava o seu próprio dinheiro para comprar coisas. No início, sua participação nas sessões era muito intensa, cuidando de todos os médiuns na hora do transe, auxiliando os consulentes, recebendo o dinheiro das consultas etc. Conversava com todos e sempre sabia de tudo o que estava acontecendo no terreiro e entre os médiuns. Como mãe-pequena, tinha de zelar pelo bom andamento dos trabalhos, e o pai-de-santo muitas vezes lhe dizia que tinha de ser mais dura com os médiuns, dando-lhes ordens e fazendo com que cumprissem suas obrigações. Mas ela se recusava a fazê-lo, argumentando que isso só lhe traria problemas: "Aquele pessoal é fogo. Quem tem de fazer isso é o Mário, ele é que é o presidente." Esse problema agravou-se depois que o pai-de-santo e o presidente entraram em conflito. Antes disso, Sônia era bastante ligada a Mário e corria entre os médiuns que ela estava apaixonada por ele, tendo um dia pedido ao pai-de-santo que "cruzasse" suas mãos com as mãos do presidente em frente à casa de exu. Cruzando as mãos, Mário iria ficar preso a ela.

Quando se estabeleceu o conflito, Sônia colocou-se a favor do pai-de-santo, mesmo admitindo, algumas vezes, que o presidente tinha um pouco de razão. Nesse período, até a prova de fogo, Sônia apoiou Pedro, chegando a tomar providências para abrir um terreiro com ele. Mas no dia da prova de fogo, de madrugada, Pedro mandou chamar Sônia, que já tinha ido embora. Sônia não foi, e Pedro, incorporado com seu preto-velho, escreveu um bilhete afirmando ter sido abandonado por Sônia. No dia seguinte, ao ler o bilhete, Sônia percebeu que o pai-de-santo estava apaixonado por ela, decidindo, então, afastar-se dele. Mário já há algum tempo afirmava isso, dizendo não achar correto e ser este o motivo pelo qual Pedro tanto prestigiava Sônia.

Sônia percebeu, depois do fim do terreiro, que Pedro era bem ignorante, tendo ensinado coisas erradas a respeito do ritual. Relatou-me esse fato dizendo ter se decepcionado. Afirmou também que, no período final do terreiro, Pedro trabalhava com orixá "encostado"; e havia percebido isso quando foi com ele fazer uma obrigação na mata e não sentiu nada de especial, como sentira outras vezes. Era como se nada estivesse acontecendo. Em outras vezes nas quais fez obrigações teria sentido vibrações, e uma vez caiu no rio em cima de pedras onde havia garrafas quebradas — sem se machucar.

Sônia reclamava muito de seus guias, inclusive de seu preto-velho, o qual, quando incorporava, jogava-a no chão, machucando-a, e resolveu um dia não recebê-lo mais se ele continuasse a fazer isso. Seu maior problema, no entanto, era seus guias não falarem. Este fato significava que não possuíam, não incorporavam, integralmente o cavalo, ficando apenas encostados nele.

Essa preocupação de Sônia reafirma o que foi dito no capítulo II sobre a identidade do médium como pessoa. Essa identidade se constrói a partir da relação do cavalo com seus orixás. Se essa relação não é completa, o médium perde a possibilidade de, através dessa máscara, ou seja, de seus guias, integrar seus diversos papéis sociais. Sônia não conseguia essa relação e, portanto, não conseguia definir sua própria identidade como pessoa.

ANÁLISE: O CÓDIGO DO SANTO E O CÓDIGO BUROCRÁTICO

Essas quatro histórias de vida e o desenvolvimento das personagens no drama podem esclarecer várias questões. Primeiro, como acontece a socialização de um médium. Segundo, como se desenvolve a relação entre o cavalo e seus orixás. Finalmente, os conflitos ou problemas estruturais da sociedade mais ampla, em que o terreiro estudado se insere, expressos através desse drama.

A primeira constatação, recorrente nas quatro histórias de vida, é que a decisão de trabalhar no santo não se dá num momento isolado, depois de o indivíduo ter tomado alguns contatos com esse tipo de religião, nem necessariamente depois de uma crise emocional. Nas histórias de vida estão sempre presentes no processo de socialização do indivíduo elementos desse código religioso. Existe sempre uma pessoa da família que freqüentava terreiros, ou o próprio indivíduo já tivera experiências de mediunidade, como no caso de Mário. Esse código está presente na vida desses indivíduos, e a conversão não se dá num momento específico, num momento de crise, como alguns autores afirmaram (Camargo, 1961). Mesmo enfatizando em seus discursos o momento no qual uma espécie de revelação aconteceu, dados referentes às suas vidas mostram que, antes desse momento, já tinham entrado em contato, de uma forma ou de outra, com elementos desse código. Seria importante verificar quais os símbolos que estão sendo expressos nesse código e que levam o indivíduo a passar de um eventual contato com o código para sua constante atualização como médium. Mas esse seria um outro trabalho. Gostaria de frisar que, pelo menos nos quatro casos descritos, desde muito cedo se apresenta um contato com o código: a mãe vidente. O menino que botava cartas.

Um pai-de-santo vizinho. A mãe levando a menina desde cedo a terreiros para consultar-se. Uma tia que freqüentava terreiros etc.

A segunda questão refere-se ao desenvolvimento da relação entre o cavalo e seus orixás. Os quatro casos descritos mostram diferenças marcantes nesse processo.

Mário e Marina, no drama, alcançaram uma construção mais clara de suas identidades como médiuns e como pessoas. O primeiro finalmente pôde transformar-se num pai-de-santo, conseguindo receber sua pomba-gira, não tendo mais conflitos com as possíveis identificações do cavalo com a entidade e passando por uma experiência que o levou a construir seus guias, acrescentando mais "partes" à sua personalidade. Como ele mesmo disse: "Essa matéria aqui tem um pouco de mim (o guia) — uma parte dela tem um pouco de minha (do guia) personalidade." A segunda, Marina, podendo reatar o contato com seus guias, que haviam ficado presos e encontrando "finalmente seu eu".

Pedro e Sônia, ao contrário, deixaram de receber seus guias no final da vida do terreiro. Sônia não conseguiu fazer seus guias falarem e reclamava de seu preto-velho, que a machucava. A relação de Pedro com seus guias tornou-se mais violenta depois da prova de fogo. Ele sofreu uma surra de santo que quase o levou à morte.

Essas diferenças podem ser explicadas pela posição de cada uma dessas pessoas no drama. Na luta pelo poder no terreiro, Mário foi o vencedor, não só quando afastou a mãe-de-santo, mas também ao expulsar o pai-de-santo. Ele foi o vencedor no seu próprio discurso e como vencedor pôde construir melhor sua identidade e sua relação com seus orixás. Marina perdeu para a mãe-de-santo, pois teve seus orixás presos. Tentou na nova relação com o pai-de-santo, colocando-se submissa, afirmar sua inocência e, portanto, pôde "encontrar seu eu". Sônia e Pedro foram os derrotados, pois a primeira, como mãe-pequena, não conseguiu desvincular-se do pai-de-santo e, conseqüentemente, de sua derrota.

Logo, pode ser dito que a relação do médium com seus orixás construía-se através de uma luta pelo poder no terreiro. Essa luta visava a tomada da posição de pai-de-santo ou um maior poder em relação aos outros médiuns[10]. No próprio discurso dos membros do grupo falava-se em vencedores e derrotados. Essa vitória ou derrota contribuía para o enfraquecimento ou fortalecimento da identidade do médium. Como já foi dito, essa identidade construía-se através da relação dos médiuns com seus orixás. Os vencedores conseguiram estabelecer melhores relações com seus orixás, ao passo que os derrotados perderam, em parte, o contato com os seus.

No capítulo anterior defini um princípio que regulava o drama descrito. Esse princípio refere-se à relação estrutural entre filhos e pais e mães-de-santo. A demanda era funcional na estruturação dessa relação. Ela visava definir não só as fronteiras externas como as fronteiras internas do grupo. Através da demanda redefinia-se, constantemente, o poder das partes em conflito. Resta responder quais os conflitos ou problemas estruturais da sociedade mais ampla expressos através desta prática mágica — a demanda.

Para isso tenho de analisar detalhadamente o conflito que se estabeleceu entre o pai-de-santo e o presidente.

A mãe-de-santo foi considerada a causa dos problemas que ocorriam no terreiro e o mal foi localizado e personificado nela. O grupo, sacrificando-a, reestruturou suas fronteiras externas, na medida em que expiou sua culpa por ter rompido a relação com seus pais e mães-de-santo. No entanto, este sacrifício deu a todos os médiuns a possibilidade de competir pela posição de pai-de-santo no terreiro. Nessa competição, Mário conseguiu vencer e entrou em conflito direto com o pai-de-santo. A primeira pergunta é por que foi Mário e não outro médium. Ao lado disso, por que ele não se tornou pai-de-santo logo depois do afastamento da mãe-de-santo?

Como vimos, "ter estudo" passou a ser um problema discutido no grupo e também um sinal de prestígio. Mário era, no grupo, um estudante universitário, assessor do diretor do Instituto Nacional do Livro; tinha estudo. Tinha, portanto, uma posição social e um nível educacional mais elevado que os outros membros. O pai-de-santo era analfabeto, pedreiro e não tinha estudo.

No início da vida do terreiro, Mário era bastante humilde, dizia sempre que não entendia bem das coisas do santo, era novo no santo e chegou a afirmar: "Eu não entendo bem ainda ... quem pode lhe explicar bem é o babalaô." O pai-de-santo, por seu lado, dizia que não tinha passado do segundo primário, mas afirmava que quando estava incorporado podia ler até nagô.

No decorrer do drama, entretanto, essas duas posições acirraram-se e minha posição como professora de Mário serviu para reforçá-las.

No conflito o que estava em jogo era, basicamente, o que é importante para se ter poder no terreiro.

Seria por certo uma simplificação afirmar que Mário pôde colocar-se nessa posição porque era membro de um estrato social mais alto. Mas o fato é que, enquanto Pedro procurava enfatizar seu poder no santo, Mário, ao contrário, não conhecendo bem as coisas do santo, tentava fazer com que sua identidade de fora do grupo fosse considerada como base de seu poder.

O conflito intensificou-se quando se discutiu a ordem que deveria existir no terreiro. Nesse momento já apareciam claramente duas posições opostas. Confrontando-as, podemos ver que:

Para o pai-de-santo a ordem significava:

— Obediência à mãe-pequena.

— Os guias deviam zelar pelo comportamento dos médiuns, controlando-os através de surras de santo, isto é, um controle mágico.

— Só o pai-de-santo, podia pedir aos guias que aplicassem surras de santo.

— Os médiuns deviam continuar trabalhando para acabar com a demanda.

— Os médiuns estavam ali para prestar caridade e não deveriam colocar seus problemas pessoais antes dessa sua missão.

Para o presidente a ordem significava:

— Um estatuto através do qual se regularia o comportamento dos médiuns.

— As sessões tinham de terminar às 22:00 horas.

— Os médiuns não podiam fumar, não podiam chegar atrasados etc.

— O pai-de-santo devia zelar para que o estatuto fosse cumprido.

— Colocar em dúvida a demanda, pois já era tempo de se ter acabado com ela.

Com a continuação do conflito, novas oposições aparecem:

O pai-de-santo confirmava seu poder usando técnicas do santo:

— Rolava em cacos de vidro.

— Enfiava o punhal no peito.

O presidente confirmava seu poder usando os critérios de prestígio econômicos e sociais da sociedade mais ampla:

— Chamava o que o pai-de-santo fazia de palhaçada: "Ro-

— Bebia cachaça com fogo.

— Chamou sua mãe-de-santo, confirmando sua posição dentro da hierarquia dos que trabalham no santo.

— Afirmava que o presidente era novo no santo e queria saber mais do que um pai-de-santo.

— Afirmava que conhecia as leis da umbanda.

— Dizia que, mesmo sem ter passado do segundo ano primário, com santo podia ler até nagô.

lar em caco de vidro e comer fogo, qualquer palhaço de circo faz."

— Como sua professora, eu estava no terreiro confirmando seu *status* de estudante universitário.

— Dizia que todos eram ignorantes, enquanto ele tinha cultura, tinha um nível alto.

— Declarava: "Eles só sabem fazer as coisas quando estão com santo, sem santo ficam inseguros."

— Ele tinha "cultura" e podia modificar a estrutura de um ritual de umbanda para melhor.

Para o pai-de-santo, portanto, o terreiro deveria ser organizado internamente através de uma ordem que chamei "do santo", enquanto para o presidente essa organização deveria ser obtida através de uma ordem que chamei de "burocrática". A ordem do santo implicava a obediência à mãe-pequena, num controle mágico, na aceitação da demanda, e o objetivo dos médiuns deveria ser o de prestar caridade, sem colocar problemas pessoais diante dessa missão. O poder deveria ser dado a quem manipulasse melhor as técnicas do santo (rolar em cacos de vidro, enfiar um punhal no peito, beber cachaça com fogo, ter uma mãe-de-santo, conhecer as leis da umbanda). A ordem burocrática supunha o estabelecimento de um estatuto com regras racionalmente organizadas, ou seja, um controle não-mágico, e a não-aceitação da demanda. O poder deveria ser dado a quem preenchesse alguns critérios de prestígio econômicos e sociais da sociedade mais ampla ("ter estudo", "ter cultura", "ter um nível mais alto").

Essas duas maneiras de ordenar internamente o terreiro, a ordem do santo e a ordem burocrática, foram organizadas através de dois códigos, ou melhor, correspondiam a dois códigos distintos: um código do santo e um código burocrático. O código do santo exigia uma ruptura entre a vida de fora e a vida no terreiro. A posição dos médiuns fora do terreiro não devia ser considerada. Ou seja, não importava se fossem brancos, negros, pedreiros ou estudantes. Essas posições eram reveladas de forma invertida na possessão. Um médium que não tivesse estudo podia ler nagô em estado de possessão. O conhecimento do idioma da possessão era o critério básico para o estabelecimento do poder no terreiro. O controle devia ser obtido magicamente. Através do código do santo era atualizada uma visão de mundo mais intuitiva, na qual a própria possessão fornecia elementos para uma especulação mais sensível (enfiar o punhal no peito, beber cachaça com fogo e ler nagô).

O código burocrático implicava um prolongamento da vida de fora para dentro do terreiro. Era importante saber se o médium tinha cultura, se tinha um "nível alto", se era branco, negro, ou estudante universitário. O conhecimento do idioma da possessão em si não bastava como critério para a investidura do poder no terreiro. Era preciso que o médium também tivesse um "nível alto". O controle devia ser feito de forma não-mágica (pois "beber cachaça com fogo qualquer palhaço de circo faz"). Assim, através desse código devia ser atualizada uma visão menos intuitiva e mais racional. A possessão não era a única forma de especulação da realidade. Tal especulação devia ser feita também através de um conhecimento não-intuitivo, através de um conhecimento acadêmico.

Essa oposição entre código do santo e código burocrático não está sendo usada no sentido das oposições comumente feitas entre urbano e rural, tradicional e moderno. Refiro-me a dois códigos que eram atualizados no terreiro estudado. O primeiro elaborava uma visão mais intuitiva, uma especulação baseada no sensível, enquanto o segundo reelaborava uma visão de mundo mais racional (no sentido weberiano). A organização burocrática para Weber (1964) implica um estabelecimento de regras racionalmente elaboradas, contando com alguns critérios racionais para o preenchimento de cargos (educação e instrução). Esses critérios podem ser equivalentes aos propostos pelo presidente, ou seja, o prestígio e o poder tendo como base um determinado grau de instrução.

Uso o termo burocrático tentando uma aproximação com esse pensamento weberiano, embora tenha em mente que o próprio Weber assinalava que esse tipo de prestígio e poder não é específico da organização burocrática (ibid.).

Esses dois códigos eram atualizados por pessoas de posições sociais distintas. O código do santo por um pedreiro, analfabeto, que através do ritual tinha a possibilidade de inverter a posição que ocupava na sociedade mais ampla. Ele era pedreiro, mas no terreiro era um pai-de-santo, a posição mais alta na hierarquia. Seu poder advinha do fato de saber manipular as técnicas do santo e sua posição social não era ali considerada.

O código burocrático era atualizado por um médium de posição social mais elevada em relação ao resto do grupo, posição esta adquirida pelo fato de "ter estudo", de "ter um nível alto", de ter sido assessor do diretor do Instituto Nacional do Livro e de ser estudante universitário. Ele não poderia, diante disso, ser inferior hierarquicamente a um pai-de-santo analfabeto, pedreiro, sem estudo e de um nível social baixo.[11]

Estabeleci uma oposição clara entre esses dois códigos para efeito de análise. No entanto, eles eram atualizados de forma ambígua pelos membros do grupo, pois suas experiências de vida fora do terreiro davam-lhes instrumentos para manejarem o código burocrático. Eles valorizavam, também, esses critérios de prestígio da sociedade mais ampla, como "ter estudo".

O pai-de-santo, por exemplo, embora não enfatizasse sua vida fora do terreiro, quando escolheu sua mãe-pequena usou critérios fora do código do santo. Sônia não manipulava bem as técnicas do santo, era uma das poucas médiuns brancas, tinha um certo grau de escolaridade e seus guias não falavam.

A própria posição de Mário era ambígua, visto que, a partir do momento em que venceu um pai-de-santo, pôde dar sua cabeça para uma mãe-de-santo e se tornar, por sua vez, um pai-de-santo. Ao lado disso, no ato de expulsão do pai-de-santo, usou as técnicas do santo "vindo na irradiação de Ogum. ... Ogum é contra demanda, é meu guia de frente". Mário frisou em vários momentos que seus guias eram da linha oriental, "de um ramo de cultura mais adiantado, que me dão esta capacidade", e que era um filho-de-santo que nascera feito. Portanto, não eram apenas os critérios de prestígio da sociedade mais ampla que estavam em jogo, mas também sua capacidade, adquirida através de seus guias, que eram "de um ramo de cultura" mais adiantado.

Tomado como paradigma, o caso de Mário pode ser comparado com o do feiticeiro Quesalid analisado por Lévi-Strauss (1958). Quesalid torna-se um grande feiticeiro à medida que vence seus rivais. Mas essa vitória só é possível por ser aceita pelo grupo. Assim, a eficácia de um feiticeiro tem essa tríplice relação, ou seja, a relação com o doente, com seus rivais e com o grupo. Mário não era feiticeiro, mas um filho-de-santo que conseguiu expulsar um pai-de-santo. Nessa luta, vencendo seu rival, provou sua capacidade e sua força no santo. Com isso pôde transformar-se, por sua vez, num pai-de-santo. Embora a aceitação de sua vitória pelo grupo não fosse unânime, ela está implícita, pois no discurso do pai-de-santo este admite ter sido derrotado.

Concluindo este capítulo, quero frisar que, na medida em que o terreiro estudado integrava-se em uma sociedade urbana, complexa e estratificada, não é possível analisá-lo sem que esse tipo de referencial seja utilizado. Nesse sentido, o problema fica mais complexo, por ser mais difícil detectar que categorias sociais estão em jogo. Seria impossível, no entanto, entender o drama sem considerar a sociedade em que o terreiro se inseria.

No próximo capítulo verifico mais detalhadamente os tipos de visão da sociedade mais ampla que estavam sendo expressos através das duas posições propostas pelo chefe material e pelo chefe espiritual do terreiro.

CAPÍTULO IV

Ritual e conflito: análise simbólica

Se meu pai é Ogum
Vencedor de demanda
Ele vem de aruanda
Pra salvar filhos de umbanda.
Ogum, Ogum Iara. } bis
Salve os campos de batalha
Salve a sereia do mar.
Ogum, Ogum Iara. } bis

Ponto cantado de Ogum

Na elaboração de meu objeto de estudo, configurou-se como problema fundamental a delimitação de suas fronteiras. Tomei como unidade de análise um terreiro e utilizei o conceito de drama social para descrevê-lo. No entanto, como já assinalei, o terreiro não era uma aldeia tribal. Seus membros pertenciam a camadas sociais distintas e viviam experiências muitas vezes bem diferentes, uma vez que esse terreiro estava inserido numa sociedade urbana complexa.

A escolha do terreiro como unidade de análise pode ser justificada, de início, pelo tipo de ritual em causa. Esse ritual não faz parte de uma "religião de Igreja"[1], em que um grupo dita as normas para toda a comunidade. Na umbanda, pelo contrário, cada terreiro é relativamente autônomo, tendo apenas uma ligação formal com as congregações e federações umbandistas. Cada terreiro é, desse modo, uma igreja, constituída por seus médiuns e sua clientela. Além disso, existe uma relação muito mais presente do que a filiação com as federações e congregações, que é a relação do pai ou mãe-de-santo do terreiro com suas mães ou pais-de-santo. É através dela que se faz a socialização do futuro pai ou mãe-de-santo no código desse ritual, e ela está presente, como foi visto, na descrição do drama, sendo básica na sua interpretação. Essa unidade, o terreiro, constitui-se, portanto, de um conjunto de médiuns ligados através de uma hierarquia religiosa e material e da relação do pai ou mãe-de-santo com seus respectivos pais ou mães-de-santo.

Assim, de início, o terreiro poderia ser tomado como unidade de análise com fronteiras bem marcadas. Mas, neste caso, o problema dos limites do objeto não seria totalmente resolvido, pois o terreiro é composto por pessoas de origens sociais diversas e está inserido numa sociedade urbana e complexa. Apoiei-me, na própria análise do drama, na situação dos membros do grupo no sistema de estratificação social da sociedade mais ampla, para entender suas posições no drama. Da mesma forma, na análise simbólica do material descrito, me preocupei com os diversos modelos e com os diferentes significados que esses membros davam aos itens rituais utilizados.

Dentro do grupo estudado encontrei diferenças em termos de modelos ou visões não só do ritual, mas também da própria sociedade mais ampla. Por isso, foi necessário verificá-las e compreender como se expressavam simbolicamente. Também existiam diferenças entre o grupo estudado e outros grupos ou terreiros. Essas diferenças apareciam não só em termos do significado atribuído aos itens rituais como em relação ao próprio ritual. Uma primeira distinção entre os grupos que trabalham no santo é a distinção entre terreiros e centros de mesa. Esses dois tipos de grupo praticam rituais bastante distintos, e seria necessária outra pesquisa para verificar até que ponto essas variações rituais se referem a diferenças em termos da posição que os participantes de cada um desses tipos ocupam no sistema de estratificação social mais inclusivo (Fry, 1971).

Uma outra distinção importante, no caso da cidade do Rio de Janeiro, refere-se à localização do terreiro. Existem, como já foi dito, terreiros de morro e de rua localizados em bairros distintos, na Zona Sul, na Zona Norte ou nos subúrbios da cidade. Essas diferentes localizações espaciais dos terreiros podem apresentar outro tipo de configuração dos membros em termos do sistema de estratificação social e de sua ideologia. (Velho, G., 1973)

Meu objeto de estudo é um terreiro de rua, localizado num bairro da Zona Norte da cidade, o que não significa que seja freqüentado apenas por pessoas que ali vivem. O terreiro pode, muitas vezes, ter uma parcela de sua clientela oriunda de outros bairros. Era o que ocorria no caso estudado, embora a grande maioria dos médiuns e clientes habitasse o próprio bairro ou bairros próximos.

O cisma que ocorreu no terreiro estudado pode ser visto como uma impossibilidade de coexistirem, num mesmo grupo, um pai-de-santo e um presidente de camadas sociais distintas e com modelos diferentes relativos ao processo de legitimação do poder no terreiro. Essa diferença de posição social dos dois chefes do terreiro marcou também uma diferença de modelos referentes à visão que tinham da própria sociedade na qual o terreiro se inseria. Discutirei essa problemática mais detalhadamente no decorrer deste capítulo. Antes disso, no entanto, terei de definir-me diante das conceituações existentes sobre ritual.

Utilizo a definição de ritual de Victor Turner na obra *The Forest of Symbols* (1967, p.19): "Entendo por 'ritual' formas de comportamento prescritas para ocasiões não ligadas à rotina tecnológica, estando relacionadas às crenças em seres ou poderes místicos." Em *O processo ritual* o autor define crenças e práticas religiosas como

> algo mais que "grotescas" reflexões ou expressões de relacionamentos econômicos, políticos e sociais. Antes, estão chegando a ser considerados como decisivos indícios para a compreensão do pensamento e do sentimento das pessoas sobre aquelas relações, e sobre os ambientes naturais e sociais em que operam. (Turner, 1974, p.19)

Adoto também a definição de Mary Douglas em *Purity and Danger* (1970, p.78): "Para nós, individualmente, toda declaração simbólica faz várias coisas. Fornece um mecanismo de focalização, um método mneumônico e um controle de experiência. Lidando primeiramente com a focalização, *o ritual fornece uma forma.*" (O grifo é meu.)

Assim, meu primeiro problema era verificar o que estava sendo expresso e focalizado através dos rituais estudados.

Como foi dito no primeiro capítulo, o terreiro era, para o grupo, tanto a casa onde se realizava a maior parte dos rituais quanto o próprio grupo sob a chefia de um pai ou mãe-de-santo. Mas as fronteiras do terreiro iam além dessa casa. A mata, a cachoeira, a praia, a encruzilhada e o cemitério eram locais onde se realizavam determinados rituais (sacrifícios, oferendas), sendo cada local relacionado a um grupo de orixás: a mata aos caboclos, a cachoeira a mamãe Oxum, a praia a Iemanjá, a encruzilhada aos exus e o cemitério a Obaluaê.

Analisando esses limites máximos do terreiro, verifica-se, de um lado, as fronteiras espaciais de uma sociedade: o mar, o rio, os caminhos, a floresta e o cemitério (limite máximo entre a vida e a morte). Mas, de outro lado, notam-se pontos de encontro, nos quais a mata se encontra com a cachoeira, o mar com o rio, onde os caminhos se encontram e, finalmente, onde os vivos se encontram com os mortos. Assim, esses limites marcam também o local de encontro ou de reunião do grupo, simbolizado nos encontros da natureza.

Quando analisei a categoria "terra", verifiquei que era utilizada pelos médiuns em estado de possessão para se referir ao terreiro. Muitas vezes ouvi a oposição minha terra (terra dos orixás) e a terra de vocês (dos clientes), referindo-se à sociedade na qual vivem os orixás em oposição à sociedade em que vivem os homens. O pai-de-santo, por exemplo, em estado de possessão, disse-me um dia: "Na terra de vocês, se não trabalhar a vaca vai pro brejo." O presidente, também em transe, pronunciou: "Esta é minha terra", referindo-se à terra de sua pomba-gira. Assim, a terra dos homens localiza-se fora do terreiro e a terra dos orixás é o próprio terreiro. Ou melhor, cada orixá tem sua terra, o terreiro onde ele desce para trabalhar.

O terreiro, portanto, é o ponto de encontro dos homens e também o local de encontro dos homens com os deuses. A terra dos homens opõe-se à terra dos orixás, o terreiro, porque nela se dá esse encontro dos homens com os deuses, simbolizado também nos pontos de encontro da natureza, pois o terreiro é também rio, mar, caminhos, floresta e cemitério.

A casa onde os médiuns realizavam a maior parte dos rituais, o terreiro propriamente, tinha limites bem marcados. Era dividida em uma parte interna e uma externa — o lado de dentro e o lado de fora. A parte interna era, por sua vez, dividida em uma parte sagrada, a sala do gongá, e outra profana, a sala da assistência. Os médiuns tinham seu lugar na sala do gongá e os clientes ficavam na sala da assistência. As imagens dos orixás ficavam na parte sagrada, no lado de dentro da casa, com exceção dos exus, colocados no lado de fora. Em alguns terreiros a casa de exu fica perto da porta de entrada. No início da vida do terreiro havia, como foi visto, uma imagem de exu neste local.

Esses limites eram marcados não só espacialmente, com divisões entre cada uma das partes, mas também através de certos comportamentos rituais. Para transpor a porta que dava entrada ao sagrado, os clientes, localizados no lado profano, tinham de tirar os sapatos. Para sair da parte sagrada, tanto médiuns quanto clientes não podiam dar as costas para o gongá, comportamento observado também para se sair da casa.

Além de limites bem marcados, as partes marginais, as entradas e as saídas eram tratadas com atos especiais. Todos os cantos da casa eram defumados no início de cada sessão, como forma de purificação. Os exus não podiam ser postos na parte sagrada e eram postos na parte mais marginal do terreiro, do lado de fora. Se essas regras não fossem cumpridas, muitos perigos podiam ocorrer tanto para os médiuns quanto para a clientela. Ao lado disso, sair do terreiro podia ser perigoso; nunca se devia sair na hora em que os exus estivessem na terra. Mas essas partes marginais, entradas e saídas, não eram vistas apenas como elementos perigosos que necessitassem de cuidados especiais. Eram também vistas como poderosas.

Os exus, colocados na parte mais marginal do terreiro, não são apenas entidades perigosas, que trapaceiam, que podem fazer o mal; traiçoeiros, eles são também, dentre os guias, os mais poderosos, pois podem fazer o bem e o mal e não negam nada a quem lhes dê uma oferenda. As entradas e saídas são perigosas justamente porque são poderosas.

Os exus eram, significativamente, chamados algumas vezes de compadres. Como observa Roberto DaMatta em um comentário sobre o trabalho de A.A. Arantes, *Compadrio in Rural Brazil*, o compadrio pode ser visto como um prolongamento do sistema de parentesco. "O compadrio não estaria oposto ao parentesco como instituição competitiva, seria seu prolongamento mais fraco e mais ambíguo." Assim, os exus ou compadres são vistos como um prolongamento ou uma ponte entre o sagrado e o profano, o lado de dentro e o lado de fora e, ao mesmo tempo, figuras ambíguas, justamente por estarem numa posição de intermediários, de ponte. O compadre, como observa DaMatta, "deve ser uma alavanca para a vida social dos filhos. Um mediador, uma pessoa que interfere nos momentos críticos da vida do indivíduo." Da mesma forma, os compadres exus seriam figuras mediadoras, pois interferem nos momentos críticos da vida do indivíduo que faz despachos* para ser atendido. Sendo exu um mediador, uma figura ambígua e perigosa, chamá-lo de compadre pode servir para amenizar simbolicamente o perigo que essa entidade traiçoeira oferece. No caso do compadrio, pode-se escolher um amigo ou um parente como compadre, mas pode-se também escolher um inimigo. Assim, a situação se inverte: de inimigo (ou, no caso de exu, de traiçoeiro) passa a ser um compadre, um prolongamento de um parente, e fica assim impedido de ser traiçoeiro.

Desde o início se percebe que o terreiro é uma representação de uma sociedade porque usa seus limites como limites do terreiro, e existe uma oposição entre terra dos orixás e terra dos homens. Roger Bastide (1958) mostra que o terreiro nagô na Bahia é organizado espacialmente nos moldes de uma aldeia ioruba na África. Embora a análise do autor seja ampla demais, é interessante essa analogia entre um terreiro na Bahia e um terreiro no Rio de Janeiro.

Como já foi dito, as partes marginais — entradas e saídas — são consideradas perigosas e poderosas ao mesmo tempo. Mary Douglas, no livro citado, refere-se a sociedades que usam as entradas e saídas do corpo humano para simbolizar ameaças a suas fronteiras, tratando essas entradas e saídas como poderosas e perigosas. Desta forma, pode-se analisar o terreiro como a representação de uma sociedade cujas fronteiras estão sendo ameaçadas.[2] Mas o problema é saber que sociedade é essa. Será o grupo de médiuns? Será a sociedade mais ampla?

Vou considerar, por enquanto, o terreiro como representação de uma sociedade, sem definir, de início, que sociedade é essa.

O terreiro era organizado, internamente, através de duas hierarquias, a material e a espiritual. Na hierarquia espiritual encontravam-se os seguintes postos: pai-de-santo, mãe-pequena, samba e médiuns. Na hierarquia material: presidente e sócios.[3]

Os orixás também eram organizados hierarquicamente. Existem terreiros que estabelecem uma correspondência entre a estrutura hierárquica do grupo e a estrutura hierárquica dos orixás (Lapassade e Luz, 1972), mas isso não se verificava no terreiro estudado. Neste existia uma estrutura hierárquica tanto entre os componentes do terreiro quanto entre os orixás. A hierarquia dos orixás era a seguinte: a) sete linhas de umbanda, cada uma delas com seu chefe (o orixá mais importante da linha) e seus subordinados. Cada linha com sete falanges e cada uma delas com seu chefe e seus subordinados. Todos subordinados aos chefes de linha[4]; b) os orixás (espíritos de luz), todos com correspondência no santuário católico, além de exus, pretos-velhos e caboclos comandando os quiumbas (espíritos sem luz).

Ao lado dessa divisão hierárquica existia uma divisão em termos de oposição, tanto no nível dos homens quanto no dos orixás. De um lado, médiuns e clientes, e, de outro, entidades que dão consulta (pretos-velhos, exus e caboclos) e entidades que não dão consulta (as demais entidades).

O grupo utilizava dois princípios na organização do terreiro e dos orixás. Um princípio de hierarquia e um princípio de oposição. Passarei agora a analisar a hierarquia e a oposição que organizavam o terreiro e os orixás.

Os guias que davam consulta — pretos-velhos, exus e caboclos — eram os mais atuantes do terreiro. Eram também os mais presentes no drama, e as sessões demoravam mais quando eles estavam na terra, especialmente os exus e os pretos-velhos.

Os pretos-velhos, negros que representavam escravos, velhos baianos e velhos feiticeiros, eram figuras encarquilhadas, falavam errado, fumavam cachimbo e apoiavam-se em bengalas. Os caboclos eram figuras indígenas, ou a imagem que o grupo tinha do índio, usavam cocares e eram guerreiros. Nas imagens de cerâmica eram representados como homens de cor amarronzada, tendo na mão um arco ou uma flecha. Podiam ser também figuras do campo, como o boiadeiro. Finalmente, os exus e seu feminino, as pombas-giras, donos das encruzilhadas, eram figuras poderosas e perigosas, pois podiam fazer tanto o bem quanto o mal. Os exus representavam figuras marginais, malandros que diziam palavrões e faziam gestos obscenos. Exu era quase um diabo: as imagens de cerâmica caracterizavam-no como um homem de peito nu, pés de bode, orelhas pontiagudas e um tridente na mão. A pomba-gira era uma mulher de vida fácil, uma prostituta que se vestia com saias longas, muitas jóias e também dizia palavrões e fazia gestos obscenos. Como descrita em um ponto cantado, "a pomba-gira é mulher de sete maridos", com quem os homens têm de tomar cuidado, pois ela é um perigo.

Por fazerem tanto o bem quanto o mal, eram figuras ambíguas, em que as categorias bem e mal são complementares, não opostas. Em "O carnaval como rito de passagem", DaMatta (1973, p.149), ao se referir às fantasias cósmicas, afirma que figuras ambíguas (monstros e bichos) "podem ser aliados e inimigos, mestres e servos, empregados e patrões, relapsos e cumpridores de suas obrigações, sérios e galhofeiros". Com essas figuras ambíguas o relacionamento é sempre arriscado, ao contrário do contato com os santos, com os quais é possível estabelecer relações contratuais. A ambigüidade inerente a exus e pombas-giras (fazer o mal e o bem) não permite que os homens estabeleçam com eles relações sem risco. Como foi visto anteriormente, eles eram algumas vezes chamados de compadres, forma de amenizar o perigo.

Exus e pombas-giras bebiam cachaça, e suas oferendas e despachos eram feitos nas encruzilhadas, onde os caminhos se encontram, das quais eram reis e rainhas. Esses dois guias eram, assim, entidades que permitiam o encontro; eram intermediários entre os homens e os orixás, mensageiros.

Exus e pombas-giras representam modelos de figuras marginais na sociedade mais ampla, ou seja, malandros e prostitutas. Os caboclos e pretos-velhos representam, por sua vez, índios ou pessoas do campo e escravos ou pretos, pessoas que na sociedade mais ampla ocupam as posições mais baixas da estrutura social.

Os guias que mais atuavam dando consulta representavam pessoas marginais ou ainda pessoas que ocupavam posições mais baixas na estrutura social da sociedade mais ampla. Esses modelos sociais expressos nos exus, pretos-velhos, pombas-giras e caboclos, figuras desprestigiadas pela sociedade mais ampla transformam-se, no ritual, não só em figuras de prestígio, mas em deuses, e entre eles os que mais atuam. Ou seja, o inverso do que seriam na vida cotidiana, não-sagrada. O poder e o prestígio, tanto do preto como do índio, do boiadeiro ou da prostituta e do malandro, são extremamente limitados na vida cotidiana. No código do santo eles passam a ser as figuras mais poderosas e atuantes.

Pode-se considerar esse ritual de umbanda como um ritual de passagem no sentido dado por Van Gennep em *The Rites of Passage* (1966). Victor Turner (1974), ao elaborar o conceito de liminalidade em *O processo ritual*, considera-a oposta ou contrária à estrutura e fala nos rituais de "reversão de *status*", próprios dos ritos de calendário. Nesses rituais inverte-se o *status* das figuras inferiores, que são colocadas em estratos superiores. No caso estudado existem vários níveis em que essa inversão ocorre. Inicialmente, a própria possessão implica uma inversão, pois homens se transformam em deuses, espíritos poderosos. No terreiro em questão, os médiuns faziam parte de camadas sociais baixas, e através da possessão invertiam seu lugar na hierarquia social, colocando-se como deuses. Ao lado disso, figuras que representam modelos sociais desprestigiados e situam-se nos estratos inferiores da sociedade mais ampla são eleitos como deuses. Marginais, prostitutas, pretos e índios, transformados em deuses (exus, pombas-giras, pretos-velhos e caboclos), representam, no ritual, o inverso do cotidiano, do profano e da estrutura.

A liminalidade como inverso ou negação da estrutura aparece no ritual de umbanda não só nesse nível. A oposição entre os sexos é vista de forma também oposta à do cotidiano. Homens recebem entidades femininas, enquanto mulheres podem receber entidades masculinas, ou seja, homens transformam-se em mulheres e mulheres em homens. A oposição homem-mulher não se efetua como na vida social mais ampla: passa a ser diluída e a possessão salienta o caráter andrógino dos possuídos, cada médium recebendo tanto figuras masculinas quanto figuras femininas.

Esse mecanismo de inversão, de um lado, denuncia a própria estrutura social, mostrando seu inverso. De outro, no entanto, ela é denunciada apenas em termos do sagrado e não fora dele. Um médium diz palavrões e faz gestos obscenos apenas em estado de possessão. Mas, na medida em que um ritual também cria experiências, não sendo apenas uma forma de focalizá-las, ao transformar os não-poderosos em poderosos, simbolicamente procura diminuir o poder e a força desses últimos.

Com relação aos orixás que não dão consulta, que representam aspectos da natureza e são associados aos santos católicos, o fenômeno da inversão se dá de forma diferente. Essas figuras são prestigiadas pela sociedade mais ampla e, na possessão, os médiuns que faziam parte de camadas sociais baixas revertiam seu *status*, transformando-se em santa Bárbara, são Jerônimo, são Jorge etc. É difícil, no entanto, precisar que modelos esses santos católicos representavam para os membros do grupo. Se de um lado os santos católicos são prestigiados pela sociedade mais ampla, podem, por outro lado, ser vistos pelo grupo como figuras humildes ou pobres, como, por exemplo, a figura de santo Antônio.

Existe ainda um problema que se refere à relação entre esses dois grupos de entidades. No terreiro estudado nunca houve predominância dos guias que não dão consulta sobre os que dão. Eles eram colocados no mesmo plano dentro da estrutura hierarquizada das linhas de umbanda.[5]

Nos rituais de umbanda é expressa a visão que o grupo engajado no ritual tem da sociedade mais ampla. Se o terreiro representa uma sociedade e se usa esse mecanismo de inversão com elementos do cotidiano da sociedade brasileira — pretos, índios etc. —, podemos dizer que a sociedade representada nesse terreiro é a sociedade brasileira. Ou melhor, o terreiro pode ser visto como um sistema simbólico que representa determinados aspectos da sociedade brasileira.

Através do mecanismo de inversão, as figuras marginais ou as pessoas que ocupavam posições mais baixas na estratificação social nessa sociedade hierarquizada eram transformadas em deuses especialmente atuantes. Os médiuns que faziam parte de camadas sociais mais baixas na sociedade mais ampla transformavam-se, pela possessão, em figuras prestigiadas por essa sociedade, ou seja, dois tipos de reversão do *status* estavam em jogo. Nesse plano, não havia divergência no terreiro estudado. Todo o grupo via os orixás dessa forma.

Ao lado da oposição entre entidades que dão consulta e entidades que não dão consulta, existia uma segunda oposição entre médiuns e clientes ou assistentes. Médiuns e clientes faziam parte, de um lado, da dicotomia sagrado-profano. Essa oposição acontecia inclusive em termos espaciais. Médiuns ficavam na sala do gongá e clientes na sala da assistência. Existia outro tipo de oposição. Os clientes, muitas vezes, eram pessoas de camadas sociais mais altas do que os médiuns e, nas consultas, colocavam-se como dependentes ou inferiores aos médiuns incorporados. Um português, branco, dono de loja e presidente de um centro de mesa, foi um dia consultar-se no terreiro estudado. A consulta foi feita com o pai-de-santo que era negro, analfabeto e pedreiro. Na consulta, o cliente se colocou nas mãos do médium para a cura de uma doença. Antes da consulta, conversando comigo, teceu uma teoria racista sobre os negros[6]. Mas, na consulta, sentado num toco ao lado de um negro, abaixava a cabeça, procurando ouvir os conselhos do médium, que lhe prescrevia alguns trabalhos, mandando que voltasse no dia seguinte para completar a cura. Assim, o branco português, pertencente a um estrato social mais alto na sociedade mais ampla, através dessa inversão, foi colocado como inferior e dependente do médium que, no sistema de posições da sociedade mais ampla, era seu inferior.

Passando para a hierarquia que organizava o grupo, algo semelhante ocorria. Quem ocupava o posto mais alto, após o afastamento da mãe-de-santo, era um pai-de-santo negro, analfabeto, pedreiro, pobre, o menos "culto" do grupo e deficiente físico. Tanto em relação ao grupo estudado quanto em relação ao sistema de posições sociais mais inclusivo, este pai-de-santo ocupava uma posição inferior, embora no terreiro ocupasse a posição mais elevada. Estava nesse posto não por preencher os requisitos de prestígio econômico e social da sociedade mais ampla, mas por ser bom no santo, por ser um pai-de-santo que conhecia as leis da umbanda. Não sabia ler, mas quando incorporado podia ler até nagô. Sabia abrir e fechar uma gira, rolar em cacos de vidro sem se ferir, beber cachaça com fogo e não se queimar, jogar búzios e ouvir os orixás e tinha uma mãe-de-santo com mais de 30 anos de santo.

Vê-se assim repetido o mesmo fenômeno da inversão. O grupo era organizado hierarquicamente e essa hierarquia revelava, como um espelho invertido, a representação desse grupo com referência à sociedade mais ampla. Aquele que, na vida cotidiana, não-sagrada, ocupava a posição mais baixa, passava a ser, no terreiro, o indivíduo de maior poder. Dessa forma, não se negava a hierarquia do cotidiano, ela era afirmada no código do santo, pois ele implicava a organização interna do terreiro através de um sistema rígido de posições. Nessa representação da sociedade estavam implícitas as posições de poder e prestígio. No terreiro, as posições de poder e dominação não eram anuladas, mas o poder era assumido por pessoas que na sociedade mais ampla eram inferiores. Elas passavam a ter poder no terreiro porque eram conhecedoras das leis da umbanda, invertendo desta forma sua posição em relação à vida cotidiana, não-sagrada.

No entanto, havia divergências entre os membros do grupo. Se atualizassem o código do santo, seria essa a imagem que estariam tendo da sociedade maior. Mas esse não era o único código vivido pelo grupo. No conflito entre o pai-de-santo e o presidente ficou patente uma manipulação de códigos. O presidente pretendeu atualizar o código que chamei de burocrático. Negava que o pai-de-santo pudesse ter mais poder do que ele pois "rolar em caco de vidro e comer fogo, qualquer palhaço de circo faz. ... Eles são ignorantes, eu tenho cultura, tenho um nível alto. ... Eles só sabem fazer as coisas quando estão com santo, sem santo ficam inseguros." Por ter "cultura", podia "modificar a estrutura de um ritual de umbanda para melhor".

Por trás dessas afirmações do presidente estavam implícitos outros pressupostos. Por ter cultura, por ser estudante universitário, por ter sido assessor do diretor do Instituto Nacional do Livro, por ter trabalhado em firma norte-americana e por ser branco, não poderia ser dominado pelo pai-de-santo, pois este não tinha cultura, não tinha um nível social alto, não podia modificar um ritual de umbanda para melhor, não era branco e era apenas um pedreiro. Através desse código o presidente pretendia fazer valerem os critérios de prestígio da sociedade mais ampla como base para seu poder no terreiro.

Se o grupo atualizasse esse código burocrático, teria uma outra representação da sociedade, e a inversão da hierarquia do cotidiano não existiria de forma tão clara. O terreiro continuaria ainda com uma hierarquia, porém esta não seria mais baseada no código do santo, e sim nos critérios de prestígio da sociedade mais ampla. O terreiro seria quase um prolongamento da vida "de fora", não-sagrada.[7]

Esse código burocrático proposto pelo presidente não foi, entretanto, atualizado durante o tempo de vida do terreiro. O fechamento do terreiro pode ser visto como uma conseqüência dessa duplicidade de modelos concorrentes. O terreiro não pôde continuar pela impossibilidade de equilibrá-los.

Na terra dos orixás, porém, não era apenas a hierarquia que estava em jogo. Os orixás guerreavam e nessa guerra vencia o mais forte.

Como foi visto no capítulo II, essa guerra, a demanda, estabeleceu-se a partir de uma disputa entre médiuns que acionavam seus orixás para defendê-los. Descrevi, ainda, nesse mesmo capítulo o significado que o grupo dava a essa guerra expressa na noção de demanda. Mas é importante analisar o que está por trás deste significado. Essa categoria deve ser analisada em dois níveis. Em primeiro lugar, é preciso entender como se processa a guerra. Em segundo, se a terra dos orixás simboliza a terra dos homens, qual a relação entre a guerra de orixá e a guerra dos homens?

A demanda é uma prática que pode ser comparada à feitiçaria, como foi discutida por Mary Douglas em *Witchcraft, Confessions and Accusations* (1970). Essa autora discute a problemática dos estudos de feitiçaria, ressaltando como um dos aspectos mais importantes a serem verificados o processo de acusação que leva à identificação dos acusados. O processo de acusação é visto por Mary Douglas como um mecanismo de delimitação das fronteiras externas ou internas do grupo e como meio de identificar desviantes. Assim, quando a acusação é feita a pessoas que não pertencem ao grupo, ela serve para marcar as fronteiras externas e os valores desse grupo. Quando se acusa um elemento de um dos grupos existentes dentro de um grupo maior, são as fronteiras internas deste último que estão sendo demarcadas. Finalmente, quando se acusa um indivíduo do próprio grupo de estar praticando um ato de feitiçaria, a acusação serve para identificar um desviante no grupo. Esse indivíduo está agindo de forma contrária aos padrões de comportamento desse grupo e, conseqüentemente, essa acusação reforça os valores do grupo. Assim, no momento em que alguém é acusado de estar praticando um ato de feitiçaria, afirma-se, ao mesmo tempo, o que não é permitido e qual o comportamento aceito segundo os valores do grupo.

No terreiro estudado, a demanda, a guerra, a batalha ou a briga de orixá era acionada por indivíduos que tinham uma questão com outros e que se utilizavam dos orixás em termos de defesa e ataque. Mas o processo iniciava-se como uma acusação. Esta indicava quem estava demandando e quem era o alvo da demanda. Assim, quando a acusação era feita, aquele que estava sendo alvo da demanda iniciava sua defesa, utilizando seus orixás. Nunca houve alguém que se declarasse o iniciador da demanda. Todos estavam se defendendo dela.

Tomando essas acusações no tempo, verifica-se que, no início, a acusação recaiu sobre um elemento de fora do grupo. O grupo como um todo acusou o terreiro de origem de estar demandando contra o novo. Nesse momento era necessário deslocar a acusação para fora a fim de delimitar as fronteiras do novo terreiro e reforçar seus valores. Depois, a mãe-de-santo acusou a mãe-pequena de estar demandando contra ela. A acusação recaiu, dessa vez, sobre um elemento do grupo. Com essa acusação a mãe-de-santo procurou identificar um desviante como base explanadora para os problemas que estavam ocorrendo no terreiro. Houve uma terceira acusação, logo após a mãe-de-santo ter sido classificada como louca, a qual recaiu, novamente, sobre um elemento de fora do grupo, ou seja, a mãe-de-santo da mãe-de-santo enlouquecida. O grupo estava tentando redefinir suas fronteiras, depois que ocorreu a crise com a mãe-de-santo. Uma quarta acusação foi feita, quando as novas fronteiras do grupo estavam delimitadas, tendo sido chamado um novo pai-de-santo. Essa acusação recaiu sobre a mãe-de-santo Aparecida. Novamente o grupo identificou um desviante no próprio grupo. Afastando-a por ser louca, o grupo afirmava o comportamento normal esperado para seus membros.[8] Uma quinta acusação, ainda nesse mesmo período, foi feita a um terreiro vizinho, pois era necessário delimitar as fronteiras externas do grupo depois de o novo pai-de-santo ter assumido a chefia do terreiro.

Quando o pai-de-santo e o presidente entraram em conflito, novas acusações foram feitas. O pai-de-santo definiu a prova de fogo que seu preto-velho havia imposto ao preto-velho do presidente como uma guerra de orixá. O presidente, por sua vez, acusou o pai-de-santo de quimbandeiro (acusação equivalente a feitiçaria). Os dois elementos em conflito estavam tentando delimitar, através dessas mútuas acusações, as fronteiras internas do grupo. Ou seja, quem deveria ser o pai-de-santo, quem deveria ter autoridade no terreiro e como deveriam ser distribuídos os postos da hierarquia. Definiram-se com essas acusações dois grupos rivais com valores distintos.

O restante do grupo considerava como causa, tanto do conflito entre o pai-de-santo e o presidente quanto do fechamento do terreiro, a demanda da primeira mãe-de-santo. Mesmo sacrificada pelo grupo, a mãe-de-santo teria conseguido vingar-se. Embora louca, por ser mãe-de-santo ainda tinha poder para provocar o fim do terreiro. Ao lado disso, seu comportamento desviante teria impossibilitado as tentativas de delimitar as fronteiras externas e internas do grupo. Para os que assim pensavam, estava definida a causa do fim do terreiro: um desviante do grupo impossibilitara o estabelecimento de valores definidos para o mesmo e de comportamentos normais no terreiro. Como afirmou a mãe-pequena, Sônia, "tudo que começa mal acaba mal"[9]

Houve, ainda, no fim da vida do terreiro, outra acusação. Sônia acusou o pai-de-santo de estar demandando contra sua mãe-de-santo. Mais uma vez, no processo de desagregação do terreiro, tentou-se identificar no pai-de-santo um novo desviante. Era uma tentativa de redefinir os valores do grupo.[10]

Passarei agora para o segundo nível de análise da demanda, ou seja, a correspondência entre a guerra de orixá e a guerra de homens.

Verificando quem eram os acusados e contra quem estavam demandando, pode-se ver que as acusações recaíram sobre pessoas que tinham posições distintas na hierarquia do terreiro:

mãe-de-santo x sua mãe-de-santo
mãe-de-santo x mãe-pequena
mãe-de-santo x filhos-de-santo (o terreiro)
pai-de-santo x sua mãe-de-santo
pai-de-santo x presidente

Todas as guerras se davam entre pessoas que ocupavam posições diferentes na hierarquia:

mãe-de-santo x filhos ou filho-de-santo
mãe-de-santo x mãe-pequena
pai-de-santo x presidente

Se analisadas de outro ângulo, vê-se que todas as "guerras" eram travadas entre um pai ou mãe-de-santo e seus filhos, uma vez que tanto a mãe-pequena como o presidente eram, também, filhos-de-santo.

Como foi visto acima, o processo acusatório ocorrido no terreiro era uma tentativa de definir quer as fronteiras externas, quer as fronteiras internas do grupo. Nesse sentido, as acusações a pessoas em posições hierárquicas distintas podem representar, no nível individual, a ambigüidade na delimitação das funções e papéis das pessoas que ocupavam postos. No grupo, isso expressava a necessidade de demarcar a hierarquia. Afirmando que a demanda se dava entre essas pessoas, ao mesmo tempo definia-se quais as posições hierárquicas existentes no terreiro e delimitavam-se as fronteiras internas do grupo, ou seja, a própria hierarquia.

Resta ainda indagar o porquê dessa ênfase em acusar pessoas que ocupavam posições hierárquicas distintas.

A terra dos orixás, o terreiro, era organizada internamente através de uma hierarquia. Como foi visto, essa estrutura hierárquica representava, de forma invertida, a estrutura social mais ampla. A ênfase no processo acusatório da demanda era feita através de acusações que visavam sempre pessoas com posições diferenciadas nessa hierarquia. Mesmo sendo esse conflito abertamente condenado, pois podia conduzir à morte ou à destruição, ele existia como possibilidade, pelo menos em termos de defesa. Portanto, em termos rituais, na terra dos orixás era permitido ou possível haver conflito entre pessoas que ocupassem posições diferentes na hierarquia. Se a estrutura hierárquica da terra dos orixás simboliza a hierarquia da terra dos homens, a estrutura social mais ampla, pode-se dizer que a guerra de orixá é uma representação ideológica da própria guerra dos homens. Na exegese dos membros do grupo, a demanda era vista como um conflito gerado pelos homens.

Resumindo, se fosse esse o código utilizado, o grupo estaria representando a sociedade mais ampla, como uma sociedade hierarquizada ou estratificada, na qual existe o conflito, pelo menos como possibilidade, entre indivíduos que ocupam posições distintas e polares nessa mesma hierarquia. Não estou afirmando que o grupo todo, ou os que trabalham no santo em geral, vê a sociedade dessa forma. Estou querendo dizer que, através desse código e quando está em jogo esse tipo de prática mágica (a demanda), o grupo pode ver a sociedade dessa maneira. Estou enfatizando isso porque assim como havia divergências com referência à hierarquia que organizava internamente o terreiro, ou seja, havia dois códigos diversos — o burocrático e o do santo —, havia também divergências sobre a aceitação do conflito.

A preocupação central do grupo era com as possibilidades de manter o terreiro e, no conflito entre o pai-de-santo e o presidente, o que se discutia no nível consciente era a necessidade de manter-se a ordem no terreiro. Ou seja, como delimitar as fronteiras internas do grupo, sua hierarquia, os valores que presidiam a investidura nos postos etc. O pai-de-santo preconizava uma ordem que só poderia ser conseguida através da luta para acabar com a demanda, quer dizer, através da focalização do próprio conflito. Tinha-se de trabalhar para acabar com a demanda. Assim, focalizando o conflito, salientavam-se, ao mesmo tempo, as posições hierárquicas. Enfatizando a demanda, o pai-de-santo teria amplas possibilidades de demonstrar sua autoridade nos assuntos do santo, suas técnicas e sua força. Nesse sentido o código atualizado pelo pai-de-santo, e que denominei de código do santo, implicava uma visão da sociedade mais ampla como uma sociedade estratificada (hierarquizada), na qual existiria a possibilidade do conflito entre pessoas que ocupassem posições distintas nesse sistema de estratificação. Ao mesmo tempo, as posições na hierarquia do terreiro deveriam ser distribuídas segundo o poder dessas pessoas no santo, ou seja, porque eram bons no santo, conheciam a lei etc. Logo, os critérios para a estruturação da hierarquia do terreiro não seriam os mesmos da sociedade mais ampla. Não importava que o pai-de-santo fosse analfabeto, negro, pobre etc., e sim conhecedor das leis da umbanda.

Durante os meses iniciais da vida do terreiro os membros do grupo como um todo atualizaram esse código, pois aceitaram o pai-de-santo (pobre, negro, analfabeto, mas bom no santo) e, também, a demanda. Mas, quando se estabeleceu o conflito entre esse pai-de-santo e o presidente, surgiu um outro código, o qual chamei de burocrático, porque implicava o estabelecimento de um estatuto para se organizar o terreiro. Ou seja, os médiuns tinham de chegar na hora, não podiam fumar e as sessões tinham de terminar às 22:00 horas (hora estipulada pela lei do silêncio no Rio de Janeiro). Afirmava o presidente: "Orixá não guerreia." Por isso não era preciso trabalhar para acabar com a demanda. A ordem seria conseguida através de um estatuto, e não da luta para acabar com a demanda. O presidente não aceitando a demanda, a guerra de orixá, negava a possibilidade de existir conflito entre pessoas em posições hierárquicas distintas. O código burocrático proposto pelo presidente implicava, portanto, a não-aceitação do conflito, da demanda, e a não-aceitação dos critérios propostos pelo pai-de-santo para a investidura do poder no terreiro. Os critérios para se ter poder no terreiro seriam os critérios de prestígio econômico e social da sociedade mais ampla. Através desse código a sociedade também era vista de forma hierarquizada, porque não anulava a própria hierarquia do terreiro. Porém a hierarquia que organizava o terreiro internamente não seria o inverso da estrutura social mais inclusiva, e sim seu prolongamento. Não aceitando a demanda, o código implicava, ainda, a negação do conflito entre pessoas que ocupavam posições diferenciadas nessa estrutura social mais inclusiva. A sociedade representada pelo terreiro seria uma sociedade hierarquizada na qual não haveria conflito entre as pessoas que ocupavam posições distintas nessa hierarquia.

Os dois códigos acima mencionados, o código do santo e o código burocrático, não estão mecanicamente relacionados com a posição social de seus portadores. Por um lado, o presidente tentava atualizar o código burocrático, pois era o indivíduo de maior prestígio e *status* em relação ao grupo. Ele era o mais "culto", tinha um "nível alto" e era estudante universitário. Mas, de outro lado, também atualizava o código do santo, pois se não fosse isso poderia ter se tornado pai-de-santo do terreiro logo após o afastamento da mãe-de-santo. Só pôde se tornar um novo pai-de-santo depois de ter provado que era mais forte que outro pai-de-santo, usando, dessa forma, o próprio código do santo. Venceu o pai-de-santo, em termos simbólicos, utilizando a demanda, vindo com a cachaça de exu e a cerveja de Ogum, o vencedor da demanda, para expulsar o pai-de-santo do terreiro. Em resumo, só pôde desafiar o pai-de-santo porque pertencia a uma camada social mais alta, mas a vitória só pôde ser obtida quando provou que era mais forte do que o pai-de-santo e melhor do que ele no santo.

O pai-de-santo também oscilava entre esses dois códigos. Enfatizava o fato de ser bom no santo, mas escolhera como mãe-pequena a pessoa menos desenvolvida no santo, uma das poucas brancas e uma das poucas médiuns cujos guias não falavam. Ao lado disso, quando afirmou ter sido derrotado, e, apesar da negativa dos médiuns, que diziam ter ele vencido a prova, declarou: "*Mesmo assim* fui derrotado." Apesar de ser bom no santo e tendo vencido a prova de fogo, não conseguiu controlar o presidente que, por pertencer a uma camada social mais alta e também por ser dono da casa, pôde expulsá-lo.

Os outros membros do grupo também participavam e oscilavam entre esses dois códigos, enfatizando ora o fato de "ter estudo", "ter cultura", ora o fato de ser bom no santo. Sônia, a mãe-pequena, por exemplo, em alguns momentos apoiava o pai-de-santo, dizendo que ele era excelente, bom no santo etc., e em outros afirmava que ele estava ali porque "não tinha condições de vida e lá tinha tudo, casa, comida, que é o que o indivíduo mais precisa". Além disso, a mãe-pequena algumas vezes colocou em questão as demandas que o pai-de-santo afirmava existirem no terreiro, dizendo: "A demanda ali dentro era só uma, a da Aparecida. As outras demandas foram preparadas por ele para amedrontar a gente."[11]

A atualização dos dois códigos examinados, portanto, é carregada de ambigüidade e contradições. Os adeptos dessa crença religiosa não vivem, de forma clara, um ou outro dos códigos, pois suas relações tanto com os membros do grupo quanto com o mundo de fora não são estaticamente estabelecidas. Um pedreiro pode perder seu emprego, uma empregada pode se tornar estudante, um estudante universitário pode ter dificuldade de encontrar uma boa profissão, assim como uma mãe-pequena pode perder seu posto, uma mãe-de-santo pode ser afastada e um presidente pode se tornar um pai-de-santo.

O fechamento do terreiro estudado pode ser visto como uma situação limite na qual não foi possível equilibrar a atualização desses dois códigos, que se tornaram, portanto, concorrentes e conflitantes.

Conclusões

Bahia é terra de dois
é terra de dois irmãos.
Governador da Bahia
é Cosme e são Damião.

Ponto cantado de criança associado aos santos católicos Cosme e Damião

Concluindo este trabalho, gostaria de retomar algumas discussões a respeito deste estudo de caso, sob a perspectiva da antropologia urbana. Ou seja, até que ponto a perspectiva metodológica adotada foi frutífera para a análise de uma problemática referente ao meio urbano.

Tomei um terreiro como unidade de análise e através de um estudo de drama social pude alcançar os princípios organizatórios subjacentes a esse drama. Este estudo de caso intensivo ou de drama social, no entanto, não estava desligado ou isolado do contexto social mais amplo. Um dos referenciais mais importantes para a compreensão do próprio drama foi a composição do grupo diante da estratificação social mais ampla. Utilizando o conceito de estratificação social, uni uma perspectiva geralmente empregada na análise de sociedades de pequena escala — a análise de um drama — a uma problemática de sociedade complexa.

Os estudos sobre umbanda ou sobre religiões afro-brasileiras até então prendiam-se, na maioria das vezes, a abordagens amplas do fenômeno. Procuravam explicar essas religiões como um todo. Partindo de uma visão teleológica, de busca de origens, descreviam a história e tentavam explicar sobretudo o fenômeno do sincretismo através do estudo das origens dessas religiões. Sendo essa origem difícil de ser detectada, por falta de dados, construíram muitas vezes uma história hipotética. Ao lado disso, a contextualização dos traços de origem era feita através da noção de aculturação. Traços iniciais, somados a outros, davam origem a traços diferentes. Não se percebia o fenômeno religioso em termos relacionais, e sim em termos de justaposição. As características africanas somavam-se às características católicas, espíritas e indígenas.

Através de um estudo de drama social, afastei-me dessa perspectiva generalizante e teleológica e pude alcançar os princípios subjacentes ao drama descrito, procurando ver os "pedaços" que compõem um ritual em termos relacionais, ou seja, como se relacionavam deuses e homens, qual a relação entre a vida dos membros do terreiro, fora e dentro dele, qual a relação existente entre as várias experiências de vida dos membros do grupo.

A lógica que organizou o drama descrito consistia, basicamente, em duas maneiras distintas de ordenar a realidade interna do terreiro. Uma delas correspondia ao código do santo e a outra ao código burocrático. Esses dois códigos eram atualizados pelos membros do grupo, que os manipulavam, dependendo da situação, para informar seus pontos em disputa e legitimar suas posições dentro da hierarquia do terreiro. No entanto, em alguns momentos, os dois códigos opunham-se de forma clara, tendo como representantes o pai-de-santo e o presidente. Pedro, depois que se configurou o conflito com o presidente, passou a ser o representante quase puro do código do santo. Mário, nessa mesma época, passou a ser o membro do terreiro que manipulava claramente o código burocrático.

Os membros do grupo pertenciam a camadas sociais baixas e se caracterizavam por serem pessoas sem poder e sem possibilidades de ascender socialmente. Em alguns momentos, percebiam claramente essa impossibilidade. Em outros, imaginavam poder sair dessa situação através do auxílio dos orixás.

O único indivíduo que diferia nesses termos do resto do grupo era Mário, por pertencer a um estrato superior, por ter nível universitário, por ser estudante. Mas sua característica fundamental era se perceber como um indivíduo em ascensão devido às suas potencialidades intelectuais, superiores às dos outros membros do grupo. Acreditava que sendo estudante poderia "subir" na vida. Ao lado disso, utilizava o próprio terreiro, e não apenas os orixás, como um canal para sua ascensão. Isso se configurou claramente quando abriu seu terreiro e tornou-se pai-de-santo. Mário, portanto, atualizava em certos momentos o código burocrático para informar sua posição como pessoa que participava claramente de uma ideologia de ascensão social e que acreditava nos critérios de prestígio econômico e social da sociedade mais ampla.

Pedro, de forma clara, passou a representar o lado do "encurralamento", uma das experiências de vida mais fundamentais do grupo.

Estando socialmente encurralados, pensavam sua possibilidade de sair desse círculo através do auxílio dos deuses, tendo seus caminhos abertos, fazendo despachos, tendo poder no santo e força espiritual. Nesse sentido, Pedro atualizava com mais clareza o código do santo para informar sua situação social.

Não estou afirmando que Mário não participasse também dessa posição de Pedro, nem que Pedro se via sempre como um indivíduo "sem saída". Essas duas experiências eram vividas pelos membros do grupo em geral. Mas Mário e Pedro passaram a representar, a partir de um dado momento, uma e outra das vivências.

No segundo capítulo demonstrei a interdependência entre as práticas rituais dos terreiros e a vida social do médium na construção de sua identidade. O código do santo, vivido no grupo era, de igual maneira, informado pelas experiências sociais dos membros do grupo. A identidade assim construída e o código do santo passavam a ser dominantes em todos os planos de vida dos participantes do terreiro.

As oposições bem claras entre os dois códigos que regiam o terreiro explicam o desenvolvimento do conflito entre o pai-de-santo e o presidente, o próprio drama.

Código do santo

— Ruptura entre a vida de fora e a vida no terreiro (não-aceitação dos critérios de prestígio social para a organização do poder no terreiro).

— Controle mágico (surra de santo, prova de fogo etc.).

— Visão de mundo mais intuitiva, tendo por base a possessão.

— Visão da sociedade mais ampla como sociedade estratificada, sendo a hierarquia do terreiro a inversão dessa hierarquia social.

— Aceitação do conflito entre as distintas posições hierárquicas: demanda.

Código burocrático

— Prolongamento da vida de fora para a vida no terreiro (aceitação dos critérios de prestígio social para a organização do poder no terreiro).

— Controle racional através de um estatuto.

— Visão de mundo mais racional e menos intuitiva.

— Visão estratificada da sociedade mais ampla estabelecendo a hierarquia do terreiro como prolongamento da hierarquia social.

— Não-aceitação do conflito entre as distintas posições hierárquicas — não-aceitação da demanda.

Essas oposições correspondem, num outro nível, à oposição comunidade (*comunitas*) x estrutura, no sentido dado em *O processo ritual* (Turner, 1974). A comunidade ou *comunitas* como um estado de liminalidade estava presente no código do santo, pois este pressupunha a inversão da hierarquia social mais ampla, na qual o indivíduo de menor poder e prestígio ocupava a posição mais alta na hierarquia do terreiro. Como diz Turner, "os mais fortes tornam-se mais fracos. Os fracos agem como se fossem fortes. A liminalidade dos fortes socialmente não é estruturada ou é estruturada de maneira simples; a dos fracos apresenta uma fantasia de superioridade estrutural." (Ibid., p.203) O pai-de-santo ocupava a posição mais alta da hierarquia e, fantasiando sua superioridade estrutural, dominava os poderosos da vida social mais ampla através das consultas.

Nesse fenômeno de inversão, suposto no código do santo, estava presente a noção de um encontro de brancos e negros, ricos e pobres, dominados e dominadores, poderosos e não-poderosos, homens e mulheres. Esse encontro fazia do fraco, forte; do pobre, rico; do não-poderoso, poderoso; e expressava uma mensagem na qual os ricos, fortes e poderosos pacientemente aceitavam a agressão simbólica apresentada por aqueles que lhes eram estruturalmente inferiores. O presidente, nesse sentido, rompeu com a aceitação dessa mensagem, não podendo ser dominado por um indivíduo estruturalmente inferior a ele.

Esse encontro inerente ao código do santo era também expresso no próprio discurso dos membros do grupo: "As pessoas que vêm aqui têm de encontrar paz e união", ou "Aqui somos amigos", e ainda "A desunião acaba tudo." Mas essa inversão não significava a negação da estrutura social mais ampla; simbolicamente, era a própria expressão dessa estrutura, vista e vivenciada na inversão.

O código burocrático, por implicar um prolongamento da vida de fora para a vida no terreiro, ou seja, os critérios de prestígio que ordenam a própria estrutura social mais ampla, corresponderia à estrutura. (Estrutura é aqui referida como a própria estrutura social, nas definições clássicas da antropologia social inglesa).

À oposição comunidade x estrutura corresponderiam várias outras, como intuição x racionalidade, imaginação x pragmatismo. O código do santo pressupunha uma visão mais intuitiva e um conhecimento sensível que leva à imaginação, enquanto o código burocrático, uma racionalidade dada pelo conhecimento escolar e que, num outro nível, levava a uma atitude pragmática, com o estabelecimento de um estatuto que não admitia variações.

Estas últimas constatações mostram a importância de se ter tomado esse terreiro como objeto de estudo. Neste caso não foi possível uma conciliação entre os dois códigos. Poder-se-ia levantar como hipótese que em terreiros mais bem-estabelecidos o burocratismo e a intuição estejam em equilíbrio. Esse equilíbrio, no entanto, não significaria necessariamente a ausência de conflito, mas uma possibilidade de ações para a resolução dos conflitos que surgissem.

O que foi dito acima mostra também que uma estrutura religiosa não pode ser tratada de forma monolítica, principalmente uma religião no meio urbano. O terreiro estudado estava inserido numa sociedade urbana e complexa e era um palco onde se representavam as contradições e conflitos vividos pelo grupo na sociedade mais ampla.

A partir do que foi exposto, a própria noção de comunidade até então utilizada na literatura sobre religiões afro-brasileiras deve ser revista. Nela existe uma idéia de que as religiões populares ou religiões de *folk* são homogêneas. Além disso, afirma-se que nas religiões afro-brasileiras, especificamente, no terreiro e na casa de culto*, procura-se recriar laços primários perdidos no meio urbano (Camargo, 1961). O terreiro é visto como uma comunidade, uma sociedade de auxílio mútuo.

O terreiro estudado não constituía uma comunidade com essas características. O que existia era uma ampla gama de variações e contradições dentro do próprio grupo. A meu ver essas características comunitárias, de homogeneidade e indiferenciação, apareciam nos estudos que visavam um universo maior de terreiros, pois muitas vezes as análises estavam eivadas da ideologia dos próprios grupos, que não enfatizavam os aspectos de conflito. Na introdução deste livro mencionei o fato de que esses conflitos não passaram despercebidos para alguns autores, que, no entanto, não os analisaram. É possível que esses autores estivessem mais preocupados com um dos lados da moeda, ou seja, o lado da homogeneidade e seus aspectos comunitários.

Pode-se argumentar que o conflito ficou aparente no terreiro estudado por ser um terreiro novo, em fase de estruturação. Preocupei-me com essa questão e acredito que as contradições internas do terreiro ficaram mais claras justamente por este motivo. Talvez, se tivesse escolhido um terreiro melhor estabelecido, essas contradições não aparecessem de forma tão clara. Creio que a escolha foi frutífera justamente porque nesse objeto de estudo pude detectar com mais facilidade outro aspecto do problema: o conflito. O terreiro Caboclo Serra Negra, que considero um caso limite, apresentou com mais clareza os aspectos não-monolíticos e contraditórios.

Finalmente, quero frisar minha interação com o grupo estudado. Como antropóloga, pesquisadora, mulher de camada social superior à do grupo, pertencendo ao mundo acadêmico e tendo valores diferentes, fiz parte do drama como uma personagem. Acho que minha posição não fez apenas parte das condições exteriores que afetam indiretamente o objeto pesquisado. Ela marcou, de forma clara, um certo encaminhamento do drama.

Notas

Introdução

1. Leo Frobenius, nascido em 1873 na Alemanha, passou a maior parte de sua vida na África. De sua obra vultosa, os trabalhos mais citados no Brasil são Frobenius 1934 e 1953.

2. Na década de 1970 começam a surgir trabalhos que não seguem essa perspectiva e estão preocupados com outras problemáticas. Refiro-me, especificamente, aos trabalhos de Peter Fry (1971 e 1974), Lapassade; Luz (1972) e Guedes (1974).

Capítulo I — O terreiro

1. Os membros do terreiro estudado não viam, aparentemente, diferenças fundamentais entre umbanda, macumba e espiritismo. Falavam nos "fundamentos da umbanda", por exemplo, e sempre que se referiam a esses termos usavam trabalho: "Ele trabalha na macumba*."

2. "Fazer caridade na terra": assim definiam o trabalho dos guias, santos, orixás ou entidades. "Eles (os orixás) querem fazer caridade na terra."
Note-se que a distinção orixás, guias, santos e entidades não é muito clara. No terreiro em pauta, de um modo geral, essas categorias confundiam-se. Em alguns terreiros e em parte da literatura especializada, pretos-velhos, exus, pombas-giras e caboclos são classificados como guias e não como orixás. No decorrer do trabalho acompanho o sistema de classificação do grupo estudado.

3. No terreiro estudado havia, por exemplo, pessoas que falavam na "linha oriental", não incluída na classificação acima. Existem outras classificações recolhidas por estudiosos do assunto (Carneiro, 1964; Lapassade; Luz, 1972). Pude ver ainda outras classificações em livros escritos por membros dessa religião (Freitas, 1971; Silva, 1965). O pai-de-santo, depois de falar na existência das sete linhas de umbanda, disse-me: "... hoje não existe mais terreiro quimbandeiro puro, ou candomblé puro ou umbanda pura, são sempre traçados."

4. Estou usando "doutrinárias" no sentido de preceitos e regras expressos.

5. Não ficou claro, para mim, por que não havia sessões nas encruzilhadas. Aparentemente, pelo fato de serem lugares públicos, seria difícil realizá-las. Na literatura sobre o assunto, a pedreira é um outro local onde se fazem oferendas. No terreiro estudado, no entanto, nunca foi mencionado esse local. Isso pode ser explicado pelo fato de que na cachoeira existe também a pedra e lá podem ser colocados os dois tipos de oferendas.

6. A clientela que ia ao terreiro consultar-se pode ser dividida em dois tipos. Algumas pessoas iam raramente e procuravam vários guias sem conhecerem os médiuns. Iam procurar o pai Benedito, um preto-velho, ou exu Tranca-Rua*, por exemplo. Outros iam sempre ao terreiro e sempre procuravam os mesmos guias, sem conhecerem os médiuns. Assim, a pomba-gira de Mário era procurada por pessoas que não o conheciam, mas sempre iam falar com sua pomba-gira. O outro tipo era composto por pessoas que conheciam os médiuns e então consultavam-se com os seus guias. Assim, amigos de Mário iam sempre ao terreiro e consultavam-se com seus guias. A clientela fixa era, portanto, composta de pessoas conhecidas ou amigas do médium e de pessoas que iam especialmente para falar com um determinado guia.

7. Os médiuns, quando incorporados, em estado de possessão, não cantavam os pontos ou cantavam-nos de forma desordenada e intermitente. Quando os exus desciam, só se ouvia o tambor e a voz de um ou outro médium que ainda não havia entrado em transe, pois nessa hora a maioria dos médiuns entrava em transe, o que não acontecia na hora dos outros orixás.

8. Em outros terreiros, a entrada e saída do transe segue a ordem de importância dos médiuns na hierarquia. O pai-de-santo, por exemplo, recebe primeiro e sai do transe por último (Lapassade; Luz, 1972).

Capítulo II — O drama

1. Não estou usando "magia" como um conceito que se opõe a religião. Nem penso também que os membros do grupo acreditavam que suas práticas mágicas provocassem uma imediata intervenção nos acontecimentos (Douglas, 1970).

2. Quando Aparecida acusou a mãe-pequena de estar demandando contra ela, "abriu uma linha para ela só de exu. Botou sete exus na sua cabeça", segundo versão do grupo. Na luta contra a mãe-pequena, na demanda, a mãe-de-santo fez trabalhos para prender os guias de Marina. Nessa época a mãe-pequena recebia Maria Padilha*, seu Sete Catacumba*, seu Sete Caveira* e vários outros exus. Muitos desses não eram "seus exus", Marina nunca os tinha recebido e só passou a recebê-los depois que foi acusada de estar demandando contra sua mãe-de-santo.

3. Um médium pode impedir que um orixá desça em sua cabeça, procurando não se concentrar. Ou seja, pode controlar seu transe. Esse ato de "firmar" para não entrar em transe ocorreu várias vezes no terreiro. O médium pode, desta forma, controlar seus orixás, não sendo obrigado a recebê-los.

4. Esse relato de Sônia não fez com que os médiuns duvidassem de que Aparecida já tivesse sua mãe-de-santo e já tivesse feito cabeça, pois até o final continuavam falando da demanda que esta tinha com sua mãe-de-santo.

5. Não ficou claro para mim se a pessoa teria entrado para apanhar a flor ou se teria sido uma "fórmula mágica" de entrar sem ser vista. O próprio Mário não sabia explicar.

6. Esse fato mostra um dos aspectos de uma explicação mágica. Mesmo tendo crises de asma freqüentes, restava sempre a pergunta de "por que teria acontecido neste momento e não em outro". A demanda respondia a esta pergunta. Os médiuns sabiam que a asma era uma doença e conheciam suas causas (a mãe da moça afirmara que ela tinha contraído a doença porque dormia de cabelo molhado e enrolado). Mas a demanda servia para explicar o momento em que a crise havia acontecido. Ou seja,

nesse tipo de explicação fica ressaltada uma lógica ultradeterminística, no sentido dado por Lévi-Strauss (1970).

7. Manuel era forte concorrente de Mário. Tinha uma grande clientela fixa, composta de pessoas que o acompanhavam desde o terreiro da rua do Bispo.

8. Na classificação das sete linhas de umbanda, descrita no primeiro capítulo, não consta a linha oriental. Mário foi um dos que me informaram sobre essa classificação e, naquela época, colocava a linha oriental como uma linha paralela à linha de umbanda. Assim, caboclos, xangôs, oguns, iemanjás, pretos-velhos, exus e crianças poderiam ser da linha oriental, ligada ao Oriente, em oposição às linhas de umbanda ligadas à África. Em outras classificações a linha de exu é substituída pela linha oriental e os exus são colocados à parte como sete linhas da quimbanda.

9. Exu Caveira é o exu da morte. Segundo descrição dos médiuns presentes, o pai-de-santo ficara algum tempo sentado no toco; quando olharam seu rosto viram uma caveira. Pedro, no dia seguinte, quando lhe contaram isso, afirmou: "Mas como? Eu não tenho o Caveira." Isso significava que esse exu tinha vindo para levar o cavalo. Seu preto-velho dizia que ia levá-lo, que ia "fazer passar o cavalo", que só daria sete dias para ele ver seus filhos e depois iria levar o cavalo.

10. Quando me refiro aos outros médiuns estou falando do grupo que mais participava da vida do terreiro: Marina, Carmen, d. Jandira, a irmã de Pedro, o irmão de Sônia e Jair (que foi acusado de estar demandando contra o terreiro, pois pertencia ao terreiro vizinho e depois passou a freqüentar o terreiro estudado).

11. Antes de entrar para a macumba, Pedro era crente (categoria usada para definir os membros das Igrejas protestantes em geral).

12. Nessa hora, tomei claramente o partido dos que estavam sendo expulsos. Não consegui despedir-me de Mário e, quando me despedi dos outros médiuns, eles repararam que eu estava emocionada.

13. Essa mulher, Zilda, era colega de faculdade de Mário. Sua mãe tinha 20 anos de santo e, segundo Mário, Zilda conhecia muito as coisas do santo, embora não recebesse. Mário expulsara o pai-de-santo seguindo ordens de seu preto-velho, que exigira a presença de Zilda no ato da expulsão. Ela não era conhecida do grupo e tinha ido apenas uma vez ao terreiro estudado.

14. Inicialmente, Sônia referia-se ao exu Sete Encruza, mas depois falou como se fossem todos os exus: "Eles estavam ali pra fazer e fizeram."

15. Essa cliente, d. Celeste, conhecera Mário há alguns anos quando ele trabalhava na mesma firma que sua filha. Foi na casa de d. Celeste que Mário conheceu Aparecida. Essa senhora esteve presente no terreiro desde a inauguração e auxiliava Mário trazendo as roupas brancas lavadas e ajudando a arrumar o terreiro.

16. Segundo Mário, a Congregação Espírita umbandista não permite que um terreiro seja aberto com o nome de um exu. Mário burlou a regra, colocando o nome de C.J., nome de sua pomba-gira, que é cruzada, exu com caboclo. Seis meses é exu, seis meses é cabocla.

17. Para uma discussão de tipos de estigmatização no meio urbano, ver Velho, G., 1974.

Capítulo III — Quatro personagens do drama

1. Mário não explicou que tipo de fazenda era essa. No seu discurso, ficava clara a tentativa de colocar-se como membro de uma família de fazendeiros. Definia sua

origem social de forma ambígua, pois dizia, ao mesmo tempo, que "não gostava de pegar na enxada". Isso me fez concluir que seu pai era proprietário de pequena propriedade agrícola onde a família era utilizada como mão-de-obra.

2. Naquela época chama-se de artigo 99 o processo de finalização do atual ensino médio através de provas. O candidato comprava apostilas e fazia os exames das matérias até ter todas as notas necessárias à obtenção do diploma. Havia vários cursos preparatórios, que eram pagos.

3. Essa amiga era filha de d. Celeste, que depois se tornou cliente de Mário e acompanhou-o durante toda a vida do terreiro.

4. Mário algumas vezes confundia o cavalo com a entidade, dizendo "eu" no lugar de "meu preto-velho" e corrigia logo depois. Isso raramente acontecia com os outros médiuns, que nunca confundiam cavalo com entidade. Foi o único que fez essa distinção entre "vida real" e sua vida como cavalo, conseqüentemente a "vida irreal", aquela em que vive uma personagem como seu preto-velho. Não estou com isso querendo afirmar que Mário fingia receber, distinção que muitos autores fizeram; quero apenas frisar que existia uma diferença entre a visão de Mário e a dos outros membros do grupo em relação à vida no santo.

5. Mário afirmou-me que o ritual de fazer cabeça era uma crença de terreiros antigos, que atualmente não era necessário passar por ele. Existem apenas alguns rituais, obrigações que o médium deve fazer para seus orixás, a fim de aumentar a "afinidade entre espírito e matéria". Disse-me que no terreiro da rua do Bispo era esse o procedimento.

6. As maneiras de uma entidade se identificar para o médium variam. Os orixás podem descer pela primeira vez e identificar-se. Pode ser através de um sonho, ou também podem ser identificados pelo pai ou mãe-de-santo. No terreiro estudado, a primeira forma era a mais constante, e depois desse primeiro contato o médium ia elaborando de maneira pessoal a representação de cada orixá.

7. Ao fazer esse relato, Pedro usou "demandeiro" em sentido ambíguo, diante da própria definição que me dera: "Demanda é uma guerra de orixá." Num primeiro momento parece que a expressão estaria sendo usada aqui para definir apenas uma briga. Talvez essa ambigüidade se deva ao fato de ele estar referindo-se a amigos que eram ogãs e que, portanto, demandavam com ogãs dos terreiros visitados. Nessas brigas, no entanto, ele só entrava quando incorporado, ou seja, não era ele, e sim o guia, que brigava, demandava, com outros guias.

8. Esse punhal foi comprado por Sônia, a segunda mãe-pequena. Ela explicou-me que, numa consulta, o preto-velho de Pedro pedira a ela para comprar um punhal. Determinou que o punhal deveria ter um cabo pintado de vermelho e preto (as suas cores) e 30cm de comprimento.

9. Referia-se ao dia 3 de julho, descrito no capítulo II.

10. Na literatura sobre cultos afro-brasileiros, existe sempre uma referência a atritos e conflitos dentro das casas de culto (Landes, 1967). No entanto, não é de meu conhecimento que algum autor tenha estudado os conflitos dentro do terreiro para verificar a ligação que possa haver entre esses conflitos e a relação dos médiuns com seus orixás.

11. Não estou afirmando que esses dois códigos fossem, necessariamente, conscientes, mas não nego a possibilidade de que em certos momentos não só essas duas personagens, Mário e Pedro, como também os outros membros do terreiro, possam tê-los manipulado de forma deliberada.

Capítulo IV — Ritual e conflito: análise simbólica

1. Estou usando "religião de Igreja" no sentido de uma religião organizada de cima para baixo. Na religião católica, por exemplo, existe um grupo que centraliza as decisões e essa cúpula em Roma dita as normas para toda a comunidade católica.

2. Esse assunto será discutido com mais vagar nas conclusões. Minha pergunta é: Por que essa preocupação em delimitar as fronteiras do grupo? Qual o perigo que as ameaça? Geralmente, esses tipos de rituais foram tratados como se fizessem parte de uma religião de *folk*. Muitos autores consideraram as relações dentro do terreiro como uma tentativa de se estabelecerem aí os laços primários perdidos no meio urbano. A meu ver, esse é um problema mal-elaborado. Em termos de discurso ideológico de certos membros do grupo, o que se procurava frisar era essa tentativa de estabelecer uma comunidade. Mas, como foi visto no drama, a comunidade proposta em termos de discurso e de modelo sofria constantes pressões. Assim, reforçar simbolicamente suas fronteiras e expressar o perigo que as ameaça pode significar uma tentativa de, no nível simbólico, mostrar a dificuldade de realizar essa comunidade proposta.

3. Ver a descrição das funções de cada um desses postos no capítulo I.

4. Ver descrição no capítulo I.

5. Ver, nesse sentido, a classificação que Lapassade e Luz (1972) fazem desses rituais segundo a posição de exu no terreiro.

6. O português dizia: "Esta nossa raça vai terminar. Nós queremos saber demais. Foi assim com os fenícios e os egípcios. Dizem que os negros vão tomar conta do mundo (e olhava para os lados como se quisesse ver se havia algum deles). Eles são mais resistentes, primeiro são mais magros e a senhora sabe que a gordura prejudica a sobrevivência. Depois, são muito férteis, vai a uma favela e vê quantos filhos um casal de pretos tem. Mas, graças a Deus, quando isso chegar não estarei mais neste mundo."

7. É claro que relativizo a posição de Mário na estratificação social mais ampla. Em relação aos membros do grupo, ele pertencia a uma camada social mais alta. Mas isso não significava que ele fosse membro de camada alta. Sua diferença em relação ao grupo se dava menos em termos de ocupação e mais em termos de nível educacional. O fato de ser estudante universitário proporcionava a Mário, pelo menos em termos ideológicos, a possibilidade de ascender socialmente, o que não ocorria com os outros membros do grupo.

8. Ver no capítulo II de que forma o grupo classificou a mãe-de-santo como louca e também qual o significado dessa classificação.

9. Para uma abordagem de estigma e acusações no meio urbano, ver Velho, G., 1971.

10. Essa acusação tendo sido feita pela mãe-pequena, pode fazer parte do processo que a fez tentar não mais se identificar com o pai-de-santo.

11. Ver a versão de Sônia, descrita no capítulo II.

Glossário

ABRIR CAMINHOS — Aliviar e proteger a vida de alguém.

ANJO DA GUARDA — Espírito protetor do médium. O "orixá de cabeça" do médium, seu orixá mais importante.

ARRIAR OBRIGAÇÃO — Colocar as oferendas em local determinado.

ARUANDA — Céu. O local onde vivem os orixás.

ASSENTAMENTO — Preparação ritual do terreiro. Cerimônia realizada antes da inauguração para que a casa possa servir como terreiro.

ATABAQUE — Instrumento de percussão utilizado no ritual. Comumente chamado de tambor.

BABÁ — Mãe-de-santo, chefe espiritual do terreiro.

BABALAÔ — Pai-de-santo, chefe espiritual do terreiro.

BANHO DE ERVAS — Banho ritual com determinadas ervas receitado nas consultas para abrir os caminhos do consulente.

BATER — Tocar o atabaque. Pode ser usado indicando a realização de uma sessão ("eu bato aos domingos").

BATER CABEÇA — Ato cerimonial de reverência diante do altar, onde estão colocadas as imagens dos orixás, e da mãe ou pai-de-santo do terreiro. O médium deita-se em frente ao altar e bate com a cabeça três vezes no chão, para a direita, para a esquerda e para a frente. Levanta-se e bate com a testa três vezes na mesa do altar. Depois deita-se diante do pai-de-santo e repete as mesmas batidas com a cabeça. Em alguns terreiros os médiuns não se deitam no chão, batem apenas com a testa no altar. Fazem este gesto no início e no final das sessões.

BATIZADO NA MACUMBA — Ritual do batismo dentro de um terreiro. O batizado oficiado por uma mãe ou pai-de-santo não dispensa o batizado na Igreja Católica.

BATIZAR OS ATABAQUES — Cerimônia que marca a passagem dos atabaques de simples instrumentos musicais para instrumentos sagrados. Nessa cerimônia lavam-se os atabaques com água misturada com ervas especiais.

BOM OU BOA NO SANTO — Médium que conhece bem os rituais e que, em estado de possessão, demonstra que seus orixás são bons, ou seja, que sabem dançar, dar consulta, prever o futuro, conhecer o passado dos consulentes, fazer curas etc.

BOTAR CARTAS — Adivinhar o futuro das pessoas através do jogo de cartas. Jogo de adivinhação próximo ao tarô.

CABEÇA FEITA — O médium após passar pelo ritual de iniciação de filho-de-santo tem a cabeça feita, ou seja, sua cabeça está ritualmente preparada para receber os orixás.

CABOCLOS — Entidades que representam índios e também figuras do campo, como por exemplo o boiadeiro. São também chamados de Oxosse, o deus da guerra da mitologia africana, e são associados ao santo católico Sebastião, padroeiro da cidade do Rio de Janeiro. Sua imagem de cerâmica representa um índio (ou uma índia) de torso nu, pintado de cor amarronzada com cocares e arcos ou flechas. Recebem nomes indígenas, como o caboclo Irapuã e a cabocla Jurema.

CAIR NO SANTO — Entrar em transe.

CAMBONO — Médium auxiliar da mãe ou pai-pequeno. Tem como função auxiliar os médiuns incorporados nas consultas, anotar as receitas, traduzir palavras dos caboclos e pretos-velhos para os consulentes etc. Quando a auxiliar é mulher chama-se samba.

CANDOMBLÉ — Denominação dos rituais de possessão na Bahia. Também usada no Rio de Janeiro para designar um dos tipos de rituais realizados em terreiros.

CAÔ CABECILE — Saudação a Xangô.

CASA DAS ALMAS — Pequeno barracão de madeira onde são colocadas as imagens de Obaluaê, que domina o cemitério, e dos exus da falange do cemitério.

CASA DE CULTO — Terreiro.

CASA DE EXU — Pequeno barracão onde são colocadas as imagens dos exus dos médiuns do terreiro, com exceção daqueles pertencentes à falange do cemitério.

CASA LIMPA — O terreiro que não tem demanda, ou seja, que não é alvo de feitiço de algum terreiro vizinho ou de alguma pessoa.

CAVALO — O médium como veículo dos orixás. O médium é cavalo de um ou vários orixás.

CENTRO — Uma das categorias empregadas para designar a casa onde se realiza a maior parte dos rituais e também o grupo sob a chefia de um pai-de-santo.

CENTRO DE MESA — Local de realização do espiritismo. Nesse centro a possessão é menos ritualizada, não se tocam os atabaques nem são feitas oferendas com animais.

CHAMADA DOS ORIXÁS — A segunda parte da sessão de domingo, na qual os médiuns entram em transe, recebendo os seus orixás.

CHUCÊ — "Você" falado pelos pretos-velhos.

CIGANA — Um dos tipos de pomba-gira.

COISA FEITA — Feitiço.

COISAS DO SANTO — O mundo ou a esfera do sagrado, da umbanda. Tudo o que diz respeito ou que se refere aos orixás e seu trabalho na terra.

COITÉ — Cuia feita com casca de coco onde são servidas as bebidas rituais.

COMPADRES — Um dos nomes dos exus.

CONCENTRAR — Pensar no orixá para que ele se incorpore no médium. Ato anterior ao transe.

CONFIRMAÇÃO — Técnica ritual para provar que os guias são verdadeiros.

CONGREGAÇÃO UMBANDISTA — Congregação Espírita Umbandista — Âmbito Nacional. Uma das organizações a que são filiados os terreiros.

COROA BONITA — O conjunto dos orixás do médium é sua coroa. Quando o médium tem muitos orixás fortes e pouco comuns, ele tem uma coroa bonita.

CRIANÇA — Orixá que representa a criança. São também chamados de ibeji, os gêmeos, orixás africanos, e são associados aos santos católicos Cosme e Damião, representados em imagens de cerâmica. Recebem nomes no diminutivo: Pedrinho, Joãozinho etc.

DAR CONSULTA — Ouvir os problemas dos clientes e prescrever trabalhos buscando solucioná-los. Chama-se consulta o ritual em que os clientes procuram um guia para pedir auxílio.

DAR FIRMEZA AO TERREIRO — A primeira parte das sessões, que se inicia com o pai-de-santo riscando um ponto debaixo do altar e termina ao ser iniciada a chamada de todos os orixás. Essa parte inicial tem de ser feita para impedir que espíritos sem luz atrapalhem a sessão.

DAR PASSAGEM — Ato pelo qual um orixá deixa o cavalo para permitir que outro nele se incorpore.

DAR PASSE — Cerimônia de purificação na qual o orixá incorporado no médium passa as mãos pelo corpo do cliente, puxando seus braços para baixo. Esse ato retira do cliente os males provocados por olho grande, feitiço, encosto ou pelos orixás e abre seus caminhos. Os clientes usam a expressão tomar passe, quando se referem a esse ato.

DEFUMAÇÃO — Cerimônia de purificação realizada no início das sessões na qual o médium, com o turíbulo, espalha a fumaça nos cantos das salas e nas portas de entrada e saída do terreiro. O ponto cantado durante essa cerimônia chama-se ponto de defumação.

DEFUMADOR — Turíbulo.

DEMANDA — Guerra de orixá, batalha ou briga de santo.

DEMANDEIRO — Aquele que aciona seus orixás para causar mal a uma pessoa.

DESCARREGAR — Ato de purificação. No ato do passe o orixá descarrega o cliente, purifica-o. Diz-se que a pessoa está carregada quando sofre de algum mal provocado por feitiço, olho grande ou pelos orixás.

DESCER — Ato pelo qual os orixás possuem o médium. O momento em que o médium entra em transe é visto como o momento em que o orixá desceu "na sua cabeça".

DESENVOLVIMENTO — Ritual no qual são ensinadas aos médiuns "as coisas da lei", ou seja, a própria crença. Nesta sessão também é ensinado o controle da possessão, para que o médium não caia no chão e consiga receber seus orixás expressando controladamente a imagem de cada um deles. É uma aula na qual se ensina o idioma da possessão.

DESPACHO — Oferenda feita para os exus.

EM FORMA — Posição na qual os médiuns devem colocar-se no início das sessões, em dois semicírculos: mulheres à esquerda e homens à direita do altar.

ENCOSTO — Fenômeno que ocorre quando alguém morre e seu espírito vaga na terra, próximo a um vivo (geralmente um parente), pedindo-lhe para que este faça preces e trabalhos a fim de aliviar sua vida. Este espírito pode atrapalhar a pessoa na qual "encosta", mas também pode ajudá-la, dando avisos, mostrando caminhos etc.

ENCRUZA — Cerimônia realizada no início das sessões, na qual a mãe-pequena faz cruzes com a pemba (giz) nas costas e nas palmas das mãos dos médiuns e clientes. É uma cerimônia de purificação que visa a afastar o mal, ou os maus fluidos das pessoas. O ponto cantado durante essa cerimônia chama-se ponto de encruza.

ENTIDADE — Espírito, orixá, figura do sobrenatural.

ENTREGAR ALGUÉM A UM ORIXÁ — Pedir a um orixá que faça algum mal a uma pessoa. Geralmente ocorre quando um médium quer vingar-se de alguém e pede a um de seus orixás para fazer a vingança.

ESPIRITISMO — Uma das denominações dos rituais de possessão em terreiros e em centros de mesa. Fala-se em espiritismo na referência à religião de Allan Kardec, mas pode ter outros sentidos.

ESPÍRITO DE LUZ — Espírito superior. Em cada falange existem os espíritos de luz, superiores, mais puros, que comandam os espíritos sem luz.

ESPÍRITOS SEM LUZ — Espíritos menos puros, mais perto da matéria, comandados pelos espíritos de luz. Os espíritos sem luz têm de ser controlados para não prejudicar as sessões.

ESTAR COM SANTO — Estar em estado de possessão.

ESTAR SEM SANTO — Não estar em estado de possessão. Usado geralmente para definir alguém que finge estar em estado de possessão.

EXU — Entidade que representa o bem e o mal. Algumas vezes é identificado com o diabo. Sua imagem de cerâmica representa um homem com pés de bode e orelhas pontiagudas, segurando às vezes um tridente, vestido quase sempre com capa preta ou vermelha e usando cartola. Outras vezes são homens de peito nu. Os exus, quando estão no terreiro, dizem palavrões e fazem gestos obscenos, dão gritos lancinantes e gargalhadas estridentes. Sua figura é ambígua, pois, podendo fazer o bem e o mal, tornam-se perigosos e poderosos. A relação dos homens com os exus é quase sempre um risco, pois eles podem trapacear seus filhos, dizendo uma coisa e fazendo outra. Os exus são os donos das encruzilhadas e do cemitério, onde são depositadas oferendas.

EXU CAVEIRA — Exu da falange do cemitério. Sua imagem é representada por um esqueleto ou apenas por uma caveira.

EXU DE DUAS CABEÇAS — Um dos tipos de exu. Sua representação corporal é a de um homem com duas cabeças, a de Jesus e a de satanás. Usa capa vermelha e tridente.

EXU MANGUEIRA — Um dos chefes de falange da linha de exu.

EXU MENINO — Exu criança. Sua imagem de cerâmica representa um menino preto acocorado.

EXU PAGÃO — Um exu que ainda não tem nome. Os exus, quando aparecem pela primeira vez no terreiro, têm de ser batizados, ou seja, o pai-de-santo tem de descobrir qual é a falange deles.

EXU SEM LUZ — O exu menos puro, mais perto da matéria. Esses exus têm de ser controlados para não atrapalharem os trabalhos, as sessões. São comandados pelos exus de luz, ou seja, exus superiores mais puros e mais afastados da matéria, e podem ser usados para fazer mal às pessoas.

EXU TRANCA-RUA — Um dos exus que dominam a encruzilhada. Sua imagem de cerâmica é a de um homem de torso nu, com pele avermelhada, pés de bode e orelhas pontiagudas.

FALANGE — Parte da estrutura do panteão dos orixás, com um chefe e seus subordinados.

FAZER CABEÇA — Cerimônia de iniciação na qual um médium "dá" sua cabeça para sempre a um pai-de-santo. A cerimônia consiste em realizar certos rituais de purificação no médium para que ele possa servir de cavalo a seus orixás. Esse ritual de iniciação não é necessariamente obrigatório para que o médium receba seus orixás. Alguns terreiros acham-no desnecessário.

FAZER CABEÇA NO CANDOMBLÉ — O mesmo ritual feito em terreiros que praticam o ritual do candomblé. A cerimônia de iniciação nesses terreiros é mais ritualizada do que em terreiros traçados, ou seja, em terreiros classificados pelo grupo estudado como terreiros de umbanda com candomblé ou em terreiros de umbanda pura.

FAZER CONFIRMAÇÃO — Um médium faz confirmação de seus orixás, mostrando que são verdadeiros e fortes. A confirmação pode ser feita em uma consulta, quando o orixá demonstra seus conhecimentos, ou então o médium, em estado de possessão, rola em cacos de vidro ou enfia um punhal em alguma parte do corpo, mostrando que seus orixás estão realmente no terreiro, pois o cavalo não se machuca.

FAZER PASSAR — Matar. Expressão usada pelos guias que podem fazer passar o cavalo, ou seja, passá-lo para outra vida, matá-lo.

FECHAR A GIRA — Terminar a sessão.

FILHA-DE-CURIOSIDADE — Expressão usada por um médium referindo-se à minha condição de observadora no terreiro.

FILHA-DE-FÉ — Filha-de-santo, o médium.

FILHO-DE-SANTO — Médium. Filho de um pai ou mãe-de-santo ou participante de um terreiro.

FIRMAR — Ato de concentração. Os médiuns concentram-se para receber um orixá ou então para afastá-lo.

FIRMAR OS MÉDIUNS — Cerimônia na qual o pai ou mãe-de-santo faz com que seus filhos tenham mais firmeza, ou seja, mais segurança, melhores relações com seus orixás. A cerimônia consiste em fazer o assentamento do anjo da guarda de cada médium. São rituais especiais para cada orixá de cabeça de cada médium.

FORÇA ESPIRITUAL — Um médium tem força espiritual quando seus orixás são poderosos e lhe conferem conhecimentos e poderes que ele não tem quando não está em estado de possessão.

FUNDAMENTOS — As leis da umbanda. A crença propriamente dita. Pode ser usada a expressão fundamentos de umbanda neste mesmo sentido.

GIRA — Sessão de domingo.

GONGÁ — Altar.

GUIA — a) O guia — o orixá, a entidade, as figuras do sobrenatural; b) A guia — colar feito de contas. Cada orixá tem suas cores e sua guia é feita com contas dessas cores.

GUIA DE CABEÇA — O orixá mais importante do médium. Aquele que mais protege o médium e a quem ele deve mais obrigações.

GUIA DE FRENTE — Guia de cabeça.

GUIA SEM LUZ — Espírito sem luz.

HIERARQUIA ESPIRITUAL — Uma das partes da hierarquia do terreiro. No terreiro estudado esta hierarquia era composta pelo pai ou mãe-de-santo, pela mãe-pequena e pela samba.

HIERARQUIA MATERIAL — Uma das partes da hierarquia do terreiro. Os postos dessa hierarquia eram presidente e sócios. Em outros terreiros existem ainda o secretário, o tesoureiro e o conselho de sócios.

HORA DOS EXUS — Momento da sessão de domingo dedicada a esses guias, ou seja, o momento em que os médiuns estão recebendo exu. Cada entidade tem sua hora numa sessão: a hora dos caboclos, dos pretos-velhos, de Ogum etc.

IANSÃ — Orixá feminino chefe de uma das falanges de Iemanjá. Iansã dança equilibrando um cálice na palma da mão. Usa uma coroa dourada com uma franja de pérolas. Associada a santa Bárbara.

IAÔ — Filho-de-santo.

IEMANJÁ — Orixá feminino que representa o mar e os rios. A linha de Iemanjá também pode ser chamada de linha do povo da água. Iemanjá é a sereia do mar. Seu dia é comemorado na passagem do ano.

INCORPORAR — Entrar em estado de possessão. Estar possuído, estar incorporado. Diz-se que o orixá incorporou no médium.

IRRADIAÇÃO DE GUIA — Numa irradiação o guia não possui totalmente o cavalo, mas está próximo a ele. A possessão não se completa totalmente, mas o médium não age apenas como homem, havendo algum tipo de comunicação com os orixás.

JOGAR BÚZIOS — Jogo de adivinhação. Os búzios são pequenas conchas e deve haver três femininas e quatro masculinas (três fêmeas e quatro machos). O médium faz um ponto riscado, coloca ao lado um copo com água e lança as sete conchas três vezes em cima do desenho do ponto. Há muitas maneiras de se jogar os búzios.

JUREMA — Mata. Local dedicado aos caboclos.

LEI — Crença, rituais e técnicas da umbanda.

LEI ESPIRITUAL — Lei.

LEIS DA UMBANDA — Lei.

LER A MÃO — Jogo de adivinhação feito através do estudo das linhas da palma da mão. Cada traço da palma da mão representa um aspecto da vida da pessoa. Há a linha do amor, do dinheiro, da morte etc.

LEVAR O CAVALO — Matar o cavalo. Expressão usada pelos orixás.

LIMPAR A CASA — Qualquer ato de purificação do terreiro.

LINHAS — Categorias amplas que definem como o orixá deve trabalhar, ou seja, o tipo de representação corporal, danças, cores, comida, bebidas e que dias da semana lhe são dedicados. Cada linha tem um chefe e subordinados organizados em sete falanges, cada uma delas com seu chefe.

LINHA ORIENTAL — Classificação usada para definir uma das linhas da umbanda.

MACAMA — O pai-de-santo do terreiro estudado usava esta palavra quando se referia à mãe-pequena.

MACUMBA — a) Instrumento musical: o tambor ou atabaque; b) designa a religião de possessão em termos amplos; c) definição do próprio feitiço, do trabalho feito.

MACUMBEIRO — a) Tocador de tambor; b) alguém que trabalha na macumba; c) usado de forma acusatória para designar alguém que trabalha para o mal, que usa a magia negra, o feitiço.

MADRINHA — Madrinha-de-santo. Pessoa que acompanha os iniciados na cerimônia de fazer cabeça.

MÃE-DE-SANTO — Posto mais elevado da hierarquia espiritual. Chefe espiritual do terreiro.

MÃE-PEQUENA — Um dos postos da hierarquia espiritual. Médium auxiliar do pai ou mãe-de-santo.

MAGIA NEGRA — Trabalho para o mal. Ato de feitiçaria. Mal provocado a alguém de forma consciente.

MALEME — Desculpas.

MAMÃE OXUM — Oxum é um orixá feminino da linha de Iemanjá que comanda uma falange. Mamãe Oxum é representada por uma mulher que chora.

MARAFO — Nome usado pelos exus e pombas-giras para se referir à cachaça.

MARIA PADILHA — Pomba-gira da falange do cemitério.

MATÉRIA — Corpo. A parte material mais afastada da pureza e da luz.

MÉDIUM — Pessoa que trabalha no santo, que entra em transe e controla o idioma da possessão. Tem vários orixás e uma mãe ou pai-de-santo.

MÉDIUM CIENTÍFICO — Um dos tipos de médiuns. Embora não entre em transe, o médium científico conhece as leis da umbanda e pode adivinhar o que se passa na vida das outras pessoas.

MÉDIUM OUVINTE — Médium que ouve os orixás e suas ordens. Pode ou não entrar em transe.

MÉDIUM PRONTO — Médium desenvolvido, ou seja, que controla bem a possessão, que conhece as leis e cujos orixás dão consulta.

MÉDIUM RADIANTE — Médium que recebe os orixás, que entra em estado de possessão.

MÉDIUM VIDENTE — Médium que tem visões, que vê os orixás ou aquilo que os orixás desejam que ele veja.

MEDIUNIDADE — Capacidade de entrar em contato com as divindades através da possessão e de ter poderes sobrenaturais. O termo também é usado para se referir à parte espiritual do médium.

NAÇÕES DO CANDOMBLÉ — As nações expressam as idéias que cada grupo tem sobre as origens africanas desta religião. Dependendo da nação, os rituais apresentam diferenças. São sete as nações do candomblé: queto, angola, omolocô, jeje, nagô, cambinda e guiné.

NAGÔ — Língua ioruba falada na Nigéria, utilizada nos terreiros de candomblé.

NÃO ESTAR COM SANTO — Não estar em estado de possessão. Expressão usada na referência a alguém que finge estar em estado de possessão.

NÃO TER SANTO — Alguém que finge ser médium para iludir os outros.

NASCER FEITO — Um médium que nasce pronto para receber seus orixás. Nasce com a cabeça feita, sob a proteção dos orixás, e não tem de passar pelo ritual de iniciação de filho-de-santo.

NEGÓCIO DE SANTO — Qualquer ato ou fenômeno ligado ao trabalho no santo.

NOVO NO SANTO — Médium que ainda não conhece bem as leis, que está se iniciando no trabalho no santo.

OBALUAÊ — Exu chefe da falange do cemitério. Associado a são Lázaro.

OBRIGAÇÃO — Oferenda às divindades.

OGÃ — Pessoa que toca o atabaque.

OGÃ-IAÕ — Ogã-chefe.

OGUM — Orixá que representa a guerra. Associado a são Jorge. É o vencedor da demanda por excelência. Sua expressão corporal é a de um homem forte com uma espada na mão. Dança como se estivesse cavalgando.

OLHO GRANDE — Inveja. A pessoa que é objeto de olho grande tem de proteger-se, pois a inveja fecha seus caminhos, prejudicando-a.

ORIGEM — Identidade do orixá, ou seja, a linha a que ele pertence e que determina sua maneira de trabalhar, seu tipo de representação corporal, de dança, suas cores, comidas e bebidas.

ORIXÁ — Divindade. As figuras do sobrenatural que entram em contato com os homens através da possessão.

ORIXÁ CRUZADO — Orixá que pertence a duas linhas. Pode ser metade exu, metade preto-velho (o corpo pode ser dividido ao meio), ou metade do ano exu e metade preto-velho, por exemplo.

ORIXÁ DE LUZ — Orixá superior que comanda os espíritos sem luz.

OXALÁ — Orixá maior que comanda todos os orixás. O mais alto na hierarquia. Associado a Jesus Cristo. Em geral os terreiros têm uma imagem do Sagrado Coração de Jesus para representá-lo.

OXOSSE — Orixá que representa figuras indígenas ou do campo.

PAI BENEDITO D'ANGOLA — Um dos pretos-velhos. O preto-velho do presidente do terreiro estudado.

PAI-DE-SANTO — Posto mais alto da hierarquia espiritual que organiza o terreiro. Chefe espiritual do terreiro.

PASSAR MAL — Mal sofrido pelo médium por feitiço, encosto ou olho grande, ou provocado pelos orixás. O médium pode vomitar, desmaiar etc., mas isso não é visto como uma doença.

PEMBA — Giz feito especialmente para ser usado no ritual.

POMBA-GIRA — Feminino de exu. A pomba-gira representa uma mulher de vida fácil, "mulher de sete maridos", que faz o bem e o mal, diz palavrões e faz gestos obscenos. Sua imagem de cerâmica representa uma mulher com muitas jóias, algumas vezes vestida de cigana, outras vezes com o corpo pintado de cor avermelhada.

PONTO CANTADO — Cântico ritual.

PONTO DE ABERTURA DA GIRA — Cantado no início das sessões de domingo.

PONTO DE ABERTURA DOS TRABALHOS — Cântico de louvor a todos os orixás.

PONTO DE BATER CABEÇA — Cantado durante a cerimônia de bater cabeça.

PONTO DE SUBIDA — Cada orixá tem seu cântico e também um cântico para a hora em que deixa o cavalo. Existem pontos de subida para cada linha, como por exemplo o ponto de subida dos caboclos, dos pretos-velhos etc.

PONTO RISCADO — Insígnia de cada orixá. Símbolo que representa cada orixá. O ponto riscado é feito com a pemba. Desenha-se no chão um círculo e, dentro dele, sinais como cruzes, espadas e pequenas estrelas.

POVO DO CEMITÉRIO — Falange da linha de exu. Os guias dessa falange dominam o cemitério. São representados por caveiras, esqueletos e têm como chefe Obaluaê.

PRENDER AS LINHAS — Imobilizar o orixá. Através de trabalhos procura-se romper o contato do orixá com seu cavalo.

PRENDER — Concentrar-se para não receber um orixá, ou seja, para não entrar em transe.

PREPARAR OS MÉDIUNS — Desenvolver os médiuns. O trabalho do pai-de-santo ao ensinar aos médiuns as leis, o controle da possessão, as técnicas rituais etc.

PRESIDENTE — Posto mais alto da hierarquia material que organiza o terreiro. Chefe material do terreiro.

PRETO-VELHO — Entidade que representa velhos e velhas pretas. São velhos ex-escravos (vovôs e vovós ou tios e tias) que andam curvados, algumas vezes apoiados em bengalas, e falam errado. Esses ex-escravos teriam sido velhos feiticeiros ou velhos guerreiros. Sua imagem de cerâmica representa um velho ou uma velha preta com os cabelos brancos e roupas rústicas brancas, sempre fumando um cachimbo.

PROVA DE FOGO — Prova realizada com médiuns para saber se estão realmente em estado de possessão ou se estão fingindo. Faz-se essa prova mandando o médium colocar a mão dentro do azeite-de-dendê fervendo, ou então beber cachaça com fogo. Se o médium não se queima, está realmente em estado de possessão; do contrário, está mentindo.

PUXAR OS PONTOS — Iniciar o canto. Um dos médiuns é escolhido para iniciar sozinho o cântico e depois é seguido pelo resto do grupo.

QUIMBANDA — Ritual em que se trabalha para o mal, pratica-se a feitiçaria com atos conscientes para provocar algum mal a alguém. Usado geralmente em sentido acusatório.

QUIMBANDEIRO — Aquele que trabalha para o mal. Usado em sentido acusatório para definir o médium que pratica a feitiçaria, a magia negra.

QUIUMBA — Espírito sem luz que provoca confusão no terreiro criando briga entre os médiuns.

RECEBER — Entrar em estado de possessão. Usado para definir o ato no qual o orixá possui o médium. Os médiuns recebem, ou seja, tornam-se cavalos de seus orixás.

REZAR — Cerimônia na qual o médium usa técnicas rituais para eliminar algum mal provocado por encosto, olho grande ou feitiço.

Tais males podem ocorrer a qualquer pessoa, mas as crianças estão mais expostas ao olho grande.

RISCAR O PONTO — Desenhar a insígnia do orixá com o giz ritual.

ROUPA BRANCA — Roupa usada pelos médiuns. As mulheres usam saias e blusas de rendas brancas; os homens, calças e camisas brancas. Essas roupas são usadas apenas durante os rituais.

ROUPA VIRGEM — Indumentária ritual antes de ser usada pela primeira vez.

SALA DA ASSISTÊNCIA — Sala onde ficam os clientes.

SALA DO GONGÁ — Sala onde se encontra o altar e onde os médiuns entram em estado de possessão.

SALVAR — Saudar.

SAMBA — Posto da hierarquia espiritual. Auxiliar da mãe-pequena.

SANTO — Uma das denominações das figuras do sobrenatural: orixás, guias ou entidades.

SEGURAR A GIRA — Tomar conta de uma sessão. Um orixá pode ficar responsável pela sessão, não permitindo que pessoas ou quiumbas a atrapalhem.

SESSÃO — Ritual dedicado a todos os orixás. Alguns terreiros dedicam um dia da semana a cada grupo de orixás. Em um dia fazem uma sessão de caboclo, em outro, de preto-velho etc.

SEU SERRA NEGRA — Caboclo que deu nome ao terreiro.

SEU SETE CATACUMBA — Exu da falange do povo do cemitério.

SEU SETE CAVEIRA — Exu da falange do povo do cemitério.

SEU SETE ENCRUZA — Exu que domina a encruzilhada.

SÓCIO — Pessoa que contribui com uma mensalidade para a manutenção do terreiro.

SUBIR — Momento em que o orixá deixa o cavalo, em que o médium sai do estado de possessão.

SURRA DE SANTO — Castigo dos orixás. Este castigo pode ocasionar vários males aos médiuns: doenças, dores no corpo, desmaios e até a morte.

TAMBOR — Instrumento ritual.

TAPETE — Cacos de vidro espalhados pelo chão, como um tapete, sobre o qual o médium, em estado de possessão, rola seu corpo ou anda sem se machucar.

TENDA — Uma das denominações de terreiro, da casa onde se realiza a maior parte dos rituais de umbanda.

TERRA — Uma das denominações de terreiro, usada nos pontos cantados pelos orixás ou ainda pelos médiuns para definir o domínio do pai ou mãe-de-santo.

TERREIRO — Casa de culto, onde se realiza a maior parte dos rituais. Grupo sob a chefia de um pai-de-santo.

TERREIRO DE MORRO — Terreiro localizado em favelas.

TERREIRO DE RUA — Terreiro localizado em casas nos bairros da cidade ou nos subúrbios.

TER SIDO FEITO — Já ter passado pelo ritual de fazer cabeça. Diz-se então que é um "médium feito".

TOCOS — Pequenos bancos de madeira nos quais os médiuns incorporados se sentam para dar consulta.

TOMAR PASSE — Passar pela cerimônia de purificação na qual o médium incorporado retira do cliente males provocados por olho grande, feitiço, encosto ou pelos orixás.

TRABALHAR — Atuar (o médium) em estado de possessão, no terreiro ou fora dele.

TRABALHAR COM SANTO ENCOSTADO — Não atuar em estado de possessão completo. O médium não é totalmente possuído pelo orixá.

TRABALHAR NA MACUMBA — Praticar a religião na qualidade de médium.

TRABALHAR NA UMBANDA — Trabalhar na macumba.

TRABALHAR NO CANDOMBLÉ — Ser médium de um terreiro que pratica esse tipo de ritual.

TRABALHAR NO SANTO — Ser médium de um terreiro. O ofício dos médiuns que, em estado de possessão, permitem aos orixás atuarem na terra.

TRABALHAR PARA O MAL — Utilizar a possessão para praticar o mal de forma consciente. Praticar atos de feitiçaria. Geralmente usado em sentido acusatório.

TRABALHO — a) Oferenda; feitiço. b) Ato praticado pelos médiuns em estado de possessão. Pode ser usado para definir as sessões propriamente ditas.

TRABALHO FEITO — Feitiço.

TRAÇADO — Terreiro que não é puro, que mistura vários tipos de rituais.

UMBANDA — Uma das denominações da religião de possessão em terreiros.

UNIDADE — A parte não-espiritual do médium.

VELHO CAETANO DA BAHIA — Preto-velho do pai-de-santo do terreiro estudado.

VOVÓ MARIA CONGA — Uma preta-velha.

VOVÓ LUÍSA — Preta-velha de um dos médiuns do terreiro estudado, também chamada de tia Maria Luísa.

XANGÔ — Orixá que representa o trovão, a tempestade, o raio. Associado a são Jerônimo.

ZAMBI — Uma das denominações do orixá maior, Oxalá.

Referências bibliográficas

BASTIDE, Roger. *Le candomblé de Bahia (rite nagô)*. Paris: Mouton & Cie., 1958.

_____. *Les religions africaines au Brésil*. Paris: PUF, 1960.

CAMARGO, Cândido Procópio. *Kardecismo e umbanda*. São Paulo: Pioneira, 1961.

CARNEIRO, Édison. *Candomblés da Bahia*. Bahia: Publicações do Museu do Estado, 1948.

_____. *Ladinos e crioulos*. Rio de Janeiro: Civilização Brasileira, 1964.

DAMATTA, Roberto A. O carnaval como rito de passagem, In: *Ensaios de antropologia estrutural*. Petrópolis: Vozes, 1973.

DOUGLAS, Mary. *Purity and danger*: an analysis of concepts of pollution and taboo. Londres: Penguin Books, 1970.

_____. *Witchcraft, confessions and accusations*. Londres: Tavistock Publications, 1970.

DUVIGNAUD, Jean. *Sociologia do comediante*. Rio de Janeiro: Zahar, 1972.

FIRTH, Raymond. *Tikopia ritual and belief*. Boston: Beacon Press, 1968.

FREITAS, João de. *Exu na umbanda*. Rio de Janeiro: Espiritualista, 1971.

FROBENIUS, Leo. *La cultura como ser viviente*: contornos de una doctrina cultural y psicológica. Madri: Editora Espasa-Calpe, 1934.

_____. *Paideuma*. Berlim: Eugen Diederichs, 1953.

FRY, Peter. Mesa e terreiro em Campinas — um estudo de simbolismo no seu contexto social, 1971. (Mimeo.)

_____. Reflexões sobre o crescimento da conversão à umbanda. *Cadernos do ISER*, n.1, Tempo e Presença, 1974.

GENNEP, Van. *The rites of passage*. Chicago: The University of Chicago Press, 1966.

GUEDES, Simoni Lahud. Umbanda e loucura. In: Velho, Gilberto (org.) *Desvio e divergência*. Uma crítica da patologia social. Rio de Janeiro, Zahar, 1974. [Jorge Zahar, 1999.]

LANDES, Ruth. *A cidade das mulheres*. Rio de Janeiro: Civilização Brasileira, 1967.

LAPASSADE, George; LUZ, Marco Aurélio. *O segredo da macumba*. Rio de Janeiro: Paz e Terra, 1972.

LÉVI-STRAUSS, Claude. Le sorcier et sa magie, In: *Anthropologie Structurale*. Paris: Plon, 1958.

_____. *O pensamento selvagem*. São Paulo: Companhia Editora Nacional, 1970.

MAUSS, Marcel. *Sociologie et anthropologie*. Paris: PUF, 1950.

SILVA, Francisco Xavier da. *Saravá umbanda*. Rio de Janeiro: Eco, 1965.

RAMOS, Arthur. *O negro na civilização brasileira*. São Paulo: Casa do Estudante do Brasil, 1956.

RODRIGUES, Nina. *O animismo fetichista dos negros baianos*. Rio de Janeiro: Civilização Brasileira, 1935.

_____. *Os africanos no Brasil*. Rio de Janeiro: Brasiliana, 1945.

TURNER, Victor. *Schism and continuity in an African society*. Manchester: Manchester University Press, 1964.

_____. *Forest of symbols*. Ithaca: Cornell University Press, 1967.

_____. *O processo ritual*. Petrópolis: Vozes, 1974.

VELHO, Gilberto. Estigma e comportamento desviante em Copacabana. *América Latina*, ano 14, jan./jul, 1971.

_____. *A utopia urbana*. Um estudo de antropologia social. Rio de Janeiro: Zahar, 1973. [Jorge Zahar, 1989].

_____. *Desvio e divergência:* Uma crítica da patologia social. Rio de Janeiro: Zahar, 1974. [Jorge Zahar, 1999].

WEBER, Max. *Economia y sociedad*. México: Fondo de Cultura Económica, 1964.

Posfácio

Republicar *Guerra de orixá*, 26 anos depois da sua primeira aparição, oferece uma excelente oportunidade para refletir sobre o estado do campo dos estudos afro-brasileiros no momento da sua produção, bem como sobre os desdobramentos posteriores[1].

Os anos 1970, marcados pelo auge do poder militar no Brasil, foram também anos de uma profunda renovação nas ciências sociais no País. Um dos sintomas dessa renovação foi o revigoramento da antropologia. No Rio de Janeiro, mais especificamente no Museu Nacional, o recém-criado Programa de Pós-Graduação em Antropologia Social (PPGAS) vivia momentos de intenso debate e de revisão das interpretações do passado. Roberto Cardoso de Oliveira e David Maybury-Lewis, criadores do Programa, convidavam professores e selecionavam estudantes, que ali encontravam um espaço de discussão inexistente em quase todas as outras instituições acadêmicas, invadidas como foram pelo clima de desconfiança e medo que permeava os ambientes universitários daqueles anos. Um grupo de jovens pesquisadores brasileiros acabara de voltar de sua pós-graduação no exterior, trazendo novidades teóricas e metodológicas que discutiam a maneira de pensar até então dominante. Roberto DaMatta foi um dos pilares dessa transformação. Com enorme entusiasmo, Roberto nos ensinava tudo que sabia sobre a moderna antropologia americana, britânica e francesa. O momento era de muito debate, mas sobretudo de muita pesquisa empírica. Se as grandes teorias sociológicas da época não foram capazes de prever e explicar o golpe militar, era certamente por falta daquilo que a antropologia tem para oferecer: a familiaridade com a sociedade adquirida através da observação participante, da cuidadosa coleta de informações sobre o processo social em toda a sua complexidade.

Ao mesmo tempo em que as ciências sociais floresciam, transformações também importantes ocorriam nas artes plásticas, no teatro, no cinema e na música. Os cultos afro-brasileiros viviam uma espécie de *revival*, não só no cinema como na música e no teatro. Eram tempos marcados pela influência de filmes feitos na década anterior, como *Barravento* (1962) e *Deus e o Diabo na terra do sol* (1964), de Glauber Rocha. A década se iniciava com o filme *O dragão da maldade contra o santo guerreiro* (1970), também de Glauber. *Ganga Zumba* (1963) e *A grande cidade* (1966) anunciavam o *Xica da Silva* (1976), de Cacá Diegues, e *Macunaíma* (1969), de Joaquim Pedro de Andrade, os quais se integram no conjunto de filmes que mostram, logo no início dos anos 1970, um Brasil que ainda celebra o "herói sem nenhum caráter" na macumba de tia Ciata. Em meados daquela década, dois filmes de Nelson Pereira dos Santos têm o argumento baseado nas religiões afro-brasileiras: *O amuleto de Ogum* (1974) e *Tenda dos milagres* (1977). No final dos anos 1970, a *Dama do lotação* (1978), de Neville D'Almeida, descreve uma mulher sexualizada e travestida de pomba-gira. Nas artes plásticas vivia-se um clima de acalorada discussão provocada pela contracultura, pela arte conceitual. Galinhas eram queimadas vivas, imensas faixas brancas eram estendidas e ardiam como o napalm no Vietnã durante a exposição "Do corpo à terra" na Semana da Inconfidência em Belo Horizonte no ano de 1970. O Living Theater, importante *troupe* de teatro inglesa, atuava nos terreiros da favela da Rocinha. Na música, os baianos Caetano Veloso, Gilberto Gil, Gal Costa, Nana Caymmi e tantos outros fizeram canções inspirados nas religiões afro-brasileiras.

A celebração das religiões afro-brasileiras, entre outros temas nacionais, atingiu também as ciências sociais. É nesse clima que nasce *Guerra de orixá*, ao lado de uma pequena e nova produção de trabalhos sobre os cultos afro-brasileiros.[2]

Quatro nomes foram pontos de referência principais quando comecei a minha pesquisa no Rio de Janeiro. Sir Edward Evans-Pritchard, autor do clássico *Bruxaria, oráculos e magia entre os azande*, por sublinhar a lógica e a sócio-lógica das crenças em feitiçaria. Max Gluckman (1955 e 1987 [1958]), ao ultrapassar o presente etnográfico rumo a situações de mudança e complexidade, com a noção de "situação social" elaborada para entender a relação entre ação social e princípios estruturantes da vida social. Victor Turner (1964, 1967 e 1974), que pesquisou com Max Gluckman na África Central, levou a idéia de situação social para as zonas de conflito estrutural, com seu conceito de drama social.[3] Finalmente, Claude Lévi-Strauss (1985 e 1970) me inspirou sobretudo a partir dos ensaios "O feiticeiro e sua magia" e "Eficácia simbólica" e do livro *O pensamento selvagem*.

Com esse arsenal teórico, li a maior parte da literatura brasileira e estrangeira sobre as religiões afro-brasileiras com novos olhos, distanciando-me de alguns autores e aproximando-me de outros. Aqueles pelos quais senti menos simpatia eram Herskovitz (1943), Ramos (1932, 1934 e 1956) e Bastide (1971,1973 e 1958), pois me pareciam mais preocupados em entender os terreiros como herdeiros de uma certa tradição africana aportada no Brasil. Do ponto de vista da antropologia estrutural funcionalista dominante no Museu Nacional àquela época, tudo isso não passava de uma espécie de "difusionismo", ou, nas palavras de Malinowski, de "história conjectural". Eu queria entender os terreiros no seu contexto brasileiro e contemporâneo. Assim, minhas simpatias voltaram-se para autores como Nina Rodrigues (1935), João do Rio (1951) e Ruth Landes (1967). Mostrar qualquer admiração pelo médico maranhense Nina Rodrigues, naquele altura, tinha um quê de solidão, porque, para quase todos, ele era apenas proponente do racismo dito científico no Brasil. Mas Nina Rodrigues era também etnógrafo. Descrevia com muita afeição e detalhe a vida dos terreiros na Bahia no final do século XIX, reparando que a crença nas divindades africanas não era monopólio dos negros. Para Nina Rodrigues, o candomblé já era uma instituição brasileira. O cronista carioca João do Rio seguia uma trilha semelhante observando, com uma mistura de malícia e astúcia, o fascínio das classes médias urbanas pela macumba dos morros. Em suas palavras: "Vivemos na dependência do feitiço ... somos nós que lhe asseguramos a existência com o carinho de um negociante por uma amante atriz." (Rio, 1906, p.35)

A macumba certamente tinha lá as suas raízes na África, mas era para ser entendida como uma instituição carioca. E foi a antropóloga americana Ruth Landes que mais me impressionou, porque parecia seguir os preceitos da antropologia moderna *avant la lettre*. Em *A cidade das mulheres* (Landes, 1967[1947]), os terreiros se tornavam vivos. Landes descreveu a vida cotidiana do candomblé a partir da sua própria experiência, revelando uma série de situações dramáticas que realçavam a estrutura do candomblé e os dilemas vividos pelos seus participantes. Acima de tudo, em *A cidade das mulheres* a África é de pouquíssima importância. O candomblé deriva o seu sentido do contexto sociocultural da Bahia. Mesmo sem citar Herskovitz, Landes efetivamente se posiciona contrária às teses difusionistas desse autor, da mesma forma como mais tarde fará Franklin Frazier (1942).

Guerra de orixá se inscreve nessa tradição. Neste livro, a África aparece como memória e representação; uma África brasileira, por assim dizer. A base etnográfica do livro é o drama social do qual participei em um terreiro de umbanda no Rio de Janeiro. Seguindo então essa orientação, tentei apresentar uma descrição vívida, o que anos depois Clifford Geertz (1978) chamou de "descrição densa". Tentei também levar a sério as representações dos umbandistas, e, na minha interpretação, procurei fugir das velhas preocupações que procuravam estabelecer laços com a África e auferir autenticidades. Retirei a ênfase na procura de origens para dar lugar a uma interpretação mais sincrônica. Além disso, e, ainda, seguindo os passos de Nina Rodrigues e João do Rio, procurei relativizar a noção de que os candomblés, umbandas e macumbas eram religiões apenas populares ou de negros, identificando sua presença em todas as camadas sociais e categorias de cor no Brasil. Aliás, é exatamente esta questão que tem fascinado tanta gente. Gilberto Velho, por exemplo, escreveu um instigante ensaio baseado num súbito transe que presenciou no meio da Avenida Nossa Senhora de Copacabana, mostrando como aquele evento era facilmente compreendido por todos os presentes (Velho, 1992). Roberto DaMatta (1981) também se interessou por esse aspecto de uma crença universal na sociedade brasileira e discutiu o papel dessa crença na nossa cultura. Por sua parte, a historiadora Laura de Mello e Sousa (1986) documentou o processo da formação dessas crenças importadas e transfiguradas da África e de Portugal, e João Reis (1987) também descreveu a presença de "belos brancos" em um candomblé no início do século XIX na Bahia. Durante a escrita de *Guerra de orixá*, fiquei tão impressionada com a universalidade da crença em espíritos e em possessão no Brasil que resolvi tratar desse tema ao longo da história republicana na minha tese de doutorado, publicada sob o título de *Medo do feitiço*: relações entre magia e poder no Brasil (Maggie, 1992), na qual procurei demonstrar que a crença no feitiço é compartilhada não apenas pelos macumbeiros e seus consulentes como pelos advogados e juízes que decidem quem é e quem não é charlatão.

Esta nova perspectiva na qual se inscrevia *Guerra de orixá*, mas que estava presente em muitos outros trabalhos, começou a transformar o campo de estudo, levando à produção de uma série de teses sobre os chamados cultos afro-brasileiros[4]. *O tambor das flores*: Uma análise da Federação Espírita Umbandista e dos cultos afro-brasileiros do Pará (1965-1975), de Anaisa Virgulino da Silva, e *Caridade e demanda:* um estudo de acusação e conflito na umbanda em Marília, de Yoshiko Tanabe Mott, duas dissertações de 1976, são exemplo disso. Abrindo mão da constatação das origens desta ou daquela crença ou prática, esses dois trabalhos procuraram entender a significação sociológica contemporânea das religiões afro-brasileiras em Belém do Pará e em uma pequena cidade no interior paulista. *Feitiço, carrego e olho grande, os males do Brasil são,* de Patrícia Birman, e *Dentro de um ponto riscado*: estudo de um Centro Espírita na zona norte do Rio de Janeiro, de Zélia Milanez de Lossio Seiblitz, ambas de 1979, também podem ser vistas neste quadro, na medida em que abdicaram de generalizações e generalidades para concentrarem-se na descrição e interpretação detalhadas de grupos específicos. Do outro lado do continuum umbanda-espiritismo,[5] Maria Laura Viveiros de Castro Cavalcanti (1982) analisou um grupo de espíritas no Rio de Janeiro.

Mas o trabalho que mais radicalizou a desconstrução da África no Brasil foi o extraordinário livro de Beatriz Góis Dantas (1988)[6]. *Vovô nagô e papai branco*: os usos e abusos da África no Brasil retoma a discussão iniciada nos anos 1970 e, através de um estudo de caso da cidade de Laranjeiras, em Sergipe, sugere que o que tomamos como "africano" no Brasil é muitas vezes aquilo que os estudiosos do candomblé da Bahia elegeram como autêntico. Argumenta também sobre a importância da África para os intelectuais regionalistas nordestinos que a elegeram como um símbolo que os distinguisse do resto do Brasil. O livro de Beatriz Góis Dantas é, sem dúvida, o título mais citado por todos os trabalhos posteriores, independentemente da perspectiva dos autores.

Se *Guerra de orixá* e outros trabalhos romperam com a busca das origens africanas na África e também no próprio Brasil, a tradição "africanista" não se rendeu. No mesmo ano da primeira edição de *Guerra de orixá* era publicado *Os nagô e a morte*: pàde, Asèse e o culto de égun na Bahia, de Juana Elbein dos Santos. Esse livro representa uma análise da teologia nagô manifesta em alguns terreiros da Bahia. Para a autora, o único caminho para se entender o candomblé era o caminho da iniciação. Só assim, afirmava a autora, podia-se adquirir uma perspectiva "desde dentro". Na mesma linha, Marco Aurélio Luz, que abandonara a sua posição "contraculturalista" da década de 1970 por uma adesão ao candomblé Axê Opo Afonjá, escreveu o seu *Agadá*: dinâmica do processo civilizatório negro no Brasil (Luz, 1988).

Mas não foram apenas os que se proclamaram adeptos de uma perspectiva que analisava os cultos afro-brasileiros "desde dentro" que criticaram a posição de Góis Dantas. Ordep Serra (1995) atribui a Dantas o fato de ter revelado a importância dos intelectuais na formação de muitos significados do campo afro-brasileiro, mas argumenta ao mesmo tempo que, ao assim fazer, diminuiu em demasia o papel dos próprios participantes do candomblé. Desta forma, Serra procura resgatar a importância de se compreender as continuidades entre o Brasil e a África. Por sua vez, Márcio Goldman (1984) acompanhou a crítica generalizada ao estrutural funcionalismo da década de 1980 sobre a postura subjacente ao modelo de interpretação de *Guerra de orixá*, argumentando sobre a necessidade de buscar o sentido do candomblé não apenas nas relações sociais e políticas dentro e fora da religião mas, também, no corpo das crenças e práticas religiosas.

Em anos recentes a vertente "africanista" ganhou novas forças com mais uma mudança no cenário político nacional, ou seja, o surgimento do que se convencionou chamar de "política de identidades".[7] Com a afirmação de uma identidade "negra", ou, mais recentemente ainda, "afro-descendente", os terreiros surgem de novo como *locus* privilegiado da africanidade. Patrícia Birman já identificara esse processo no Rio de Janeiro no seu livro sobre gênero e sexualidade (Birman, 1995). Reginaldo Prandi (Prandi, 1991 e 1996) e Vagner Gonçalvez da Silva (Silva, 1994 e 1995) documentaram um processo semelhante em São Paulo. De novo, e refletindo a crescente importância da África do ponto de vista dos terreiros de candomblé, Prandi publica em 2001 um livro contendo mitos colhidos tanto no Brasil quanto na África, expandindo assim esse tipo de acervo, antes dominado pelo grande africanista franco-brasileiro Pierre Verger (Verger, 1981, 1995 e 2000).

Embora quase todos os autores citados até agora dialoguem entre si, nem todos o fazem! O campo dos estudos das religiões afro-brasileiras é eivado de regionalismos e de um certo paroquialismo que faz com que se formem pequenas esferas de influência, esferas estas comumente de acadêmicos de uma mesma universidade ou ligados, por uma ou por outra razão, a um mestre carismático. Assim, por exemplo, os cariocas tendem a citar os cariocas e assim por diante. Há muitos trabalhos sobre as religiões afro-brasileiras que antecedem ou que são posteriores a *Guerra de orixá*, mas que se preocupam com outros temas, desde a importância da distribuição de comida nas grandes festas até aspectos ligados à psicanálise e à psiquiatria (Motta, 1988; Milan, 1979; Augras, 1981 e 1995, entre outros); peculiaridades regionais (Douglas, 1985; Negrão, 1984 e 1995; Trindade, 1985; Consorte, 1984; Concone, 1981; Ferretti, M., 1989 e 1993; Ferretti, S., 1986; Barros, 1993 e 1999; Vogel, e Mello, 1993; Magnani, 1986; Segato, 1984, 1992 e 1995b; Carvalho, 1984, 1987, 1992 e 1993; Santos, 1995; e Braga, 1998); migração para Argentina e Uruguai (Segato, 1991, 1995a; Frigério, 1989a, 1989b, 1991, 1993; Motta, 1994; Oro, 1994 e 1999; Prandi, 1991); a noção de pessoa (Contins, 1983); sexo e gênero (Birman, 1995 e Leão Teixeira, 1986); sincretismo (Cintra, 1977 e Ferretti, S., 1985); crescimento e mudança (Queiroz, 1991). Porém esses trabalhos não dialogam diretamente com *Guerra de orixá* e, como este posfácio pretende ser apenas uma reflexão sobre a trajetória deste livro e não uma resenha geral do campo, não os discutirei aqui.

Para o leitor que desejar aprofundar-se recomendo três resenhas que foram importantes para o mapeamento do campo de estudos das religiões no Brasil: Pereira, 1981; Montero, 1999 e Pierucci, 1999. Incluo neste posfácio uma bibliografia, certamente não exaustiva, de obras posteriores à primeira edição de *Guerra de orixá*, contendo grande parte de livros e teses, além de um pequeno conjunto de artigos.

Notas

1. Agradeço a Cristina Zahar e Lilia Schwarcz por terem sugerido este posfácio, que, espero, dê a esta reedição um novo enquadramento, e a Peter Fry pelas sugestões e pela leitura cuidadosa e paciente do manuscrito.

2. *O segredo da macumba*, de Marco Aurélio Luz e George Lapassade (1972), que foi escrito no auge do movimento da contracultura, tendo como pano de fundo a relação entre os autores e o Living Theatre, analisa a macumba, e sobretudo os exús, como uma espécie de contracultura brasileira. A tese de doutoramento de Diana Brown (1974), *Umbanda*: religion and politics in urban Brazil, sobre umbanda no Rio de

Janeiro, mais tarde editada em livro pela Umi Research Press (1986), pode ser considerada o mais importante trabalho de mapeamento da origem e organização desse segmento religioso, bem como de sua significação política. *Spirits of the deep*, de Seth e Ruth Leacock (1975), é uma etnografia minuciosa e completa das religiões afro-brasileiras em Belém do Pará e descreve tanto o sistema de crenças regionais quanto a organização social dos terreiros. Na Bahia, Vivaldo Costa Lima (1977) escreveu a dissertação de mestrado *A família de santo nos candomblés gêge-nagôs da Bahia*: um estudo das relações intergrupais, também sobre a organização social dos terreiros, em particular sobre a importância do idioma de parentesco. Alicerçado em pesquisas feitas em São Paulo, Renato Ortiz (1978) publicou *A morte branca do feiticeiro negro*, tese de doutoramento sob a orientação do Roger Bastide. Nesse importante livro ele procurou demonstrar a crescente desafricanização dos cultos afro-brasileiros. Paula Montero (1978) e Simone L. Guedes (1974) investigaram aspectos significativos dessas religiões na esfera das representações sobre cura e doenças. Peter Fry (1971 e 1974) começava uma reflexão inovadora sobre a relação entre os cultos afro-brasileiros e a sociedade mais ampla — mais tarde editada em seu livro *Para inglês ver* (Fry, 1982).

3. A visita de Victor Turner ao Rio de Janeiro no final dos anos 1970 possibilitou uma aproximação mais intensa com o autor, que tinha sido uma inspiração para muitos de nós. Sua observação de terreiros no Rio de Janeiro e a leitura criteriosa que fez de *Guerra de orixá* renderam um interessantíssimo trabalho desse africanista sobre drama social e teatralidade (Turner, 1988).

4. A influência daquela produção dos anos 1970 não se restringiu ao campo das ciências sociais. Uma filmografia sobre o tema teve argumentos baseados em *Guerra de Orixá*, em *Os nagô e a morte*, em *O segredo da macumba* e nos trabalhos de Peter Fry. *Prova de fogo* de Marco Altberg, *Iaô*, de Geraldo Sarno, e *Umbanda*, da TV Granada Inglaterra, foram, na ficção e no documentário, obras que dialogaram com as ciências sociais inspirando-se nelas.

5. Estou me apropriando aqui de Cândido Procópio Ferreira de Camargo (1961), que descreve as crenças a partir de um continuum que vai do pólo mais africano para o mais espírita (e portanto distanciado da África), e associa esses pólos ao menor ou maior grau de urbanização da localidade onde o segmento da crença está inserido.

6. O livro de Beatriz Góis Dantas faz parte de uma círculo maior de debate sobre a relação entre a África e o Brasil. A orientadora da dissertação de mestrado de Dantas, defendida na Universidade de Campinas (Unicamp), Maria Manuela Carneiro da Cunha, escreveu o seu *Negros estrangeiros* (1985), enquanto Peter Fry e Carlos Vogt, também na época professores da Unicamp, pesquisavam a "língua africana" do Cafundó, cujos resultados foram divulgados anos mais tarde (Vogt; Fry, 1996).

7. Para uma discussão extremamente minuciosa desta questão no cenário contemporâneo de nossa ciência social e dos movimentos sociais, ver o instigante trabalho de Pierucci (2000).

Referências bibliográficas

AUGRAS, Monique Rose Aimée. *O duplo e a metamorfose*: a identidade mítica em comunidades nagô. Petrópolis: Vozes, 1983.

_____. *Psicologia e cultura*: alteridade e dominação. Rio de Janeiro: Nau, 1995.

BARROS, José Flávio Pessoa de; NAPOLEÃO, Eduardo. *Ewé orisá*: uso litúrgico e terapêutico dos vegetais nas casas de candomblé jêje-nagô. Rio de Janeiro: Bertrand Brasil, 1999.

_____. *O segredo das folhas*: sistema de classificação de vegetais no candomblé jêje-nagô do Brasil. Rio de Janeiro: Pallas/UERJ, 1993.

BASTIDE, Roger. *Le candomblé de Bahia (rite nagô)*. Paris: Mouton & Cie., 1958.

_____. *As religiões africanas no Brasil*. São Paulo: Pioneira, 1971.

_____. *Estudos afro-brasileiros*. São Paulo: Perspectiva, 1973.

BRAGA, Júlio Santana. *Fuxico de candomblé*: estudos afro-brasileiros. Feira de Santana: Universidade Estadual de Feira de Santana, 1998.

BIRMAN, Patrícia. *Feitiço, carrego e olho grande, os males do Brasil são*. 1980. Dissertação (Mestrado em Antropologia Social) — Museu Nacional, Programa de Pós-Graduação em Antropologia Social, Universidade Federal do Rio de Janeiro, Rio de Janeiro.

_____. *Fazer estilo criando gêneros*: possessão e diferenças de gênero em terreiros de umbanda e candomblé no Rio de Janeiro. Rio de Janeiro: Relume-Dumará, 1995.

BROWN, Diana Degroat. *Umbanda*: religion and politics in urban Brazil. 1974 [1986]. Tese (Doutorado em Antropologia) — Columbia University, Nova York.

CARVALHO, José Jorge de. *Ritual and music of the sango cultos of Recife Brasil*. 1984. Tese (Doutorado em Antropologia) — The Queen's University, Belfast.

_____. *A força da nostalgia*: a concepção de tempo histórico dos cultos afro-brasileiros tradicionais. Brasília: Universidade de Brasília. Departamento de Antropologia, 1987.

_____; SEGATO, Rita Laura. *Shango cult in Recife, Brasil*. Caracas: CONAC, 1992.

_____. *Contos sagrados do xangô de Recife*. Brasília: Fundação Palmares, 1993.

CAVACANTI, Maria Laura Viveiros de Castro. *O mundo invisível*: cosmologia, sistema ritual e noção de pessoa no espiritismo. Rio de Janeiro: Zahar Editores, 1983.

CINTRA, Raimundo et al. *Sincretismo religioso*. Petrópolis: Vozes, 1977.

CONCONE, Maria Helena Villas-Boas. Ideologia umbandista e integralismo. *Ciências Sociais Hoje*, Brasília, v. 1, Anpocs-CNPq, 1981.

CONSORTE, Josildeth Gomes; NEGRÃO, Lisias Nogueira. *O messianismo no Brasil contemporâneo*. São Paulo: Faculdade de Filosofia, Letras e Ciências Humanas, Universidade de São Paulo, CER, 1984.

CUNHA, Maria Manuela Carneiro da. *Negros estrangeiros*: os escravos libertos e sua volta à África. São Paulo: Brasiliense, 1985.

DAMATTA, Roberto. The ethic of umbanda and the spirit of messianism: reflection on the brazilian model. In: BRUNEAU, T. (org.) *Autoritarian capitalism*. Boulder: West View Press, 1981.

DANTAS, Beatriz Góis. *Vovô Nagô e papai branco*: usos e abusos da África no Brasil. Rio de Janeiro: Graal, 1988.

EVANS-PRITCHARD, Sir Edward. *Bruxaria, oráculos e magia entre os azande*. Rio de Janeiro: Zahar Editores, 1978.

FERRETTI, Mundicarmo Maria Rocha. *De segunda a domingo, etnografia de um mercado coberto mina, uma religião de origem africana*. São Luís: Governo do Estado, 1985.

_____. *Meu sinal está em teu corpo*. São Paulo: Edicon/Edusp, 1989.

_____. *Desceu na guma*: o caboclo do tambor de mina no processo de mudança de um terreiro de São Luís. São Luís: Sioge, 1993.

FERRETTI, Sérgio Figueiredo. *Repensando o sincretismo*: estudo sobre a Casa das Minas. São Paulo: Edusp/Fapema,1985.

_____. *Querebentan de Zomadonu*: etnografia da Casa das Minas. São Luís: Editora UFMA, 1986.

_____. *Tambor de crioula*: ritual e espetáculo. São Paulo: SECMA, 1995.

FRAZIER, Franklin. The negro family in Bahia, Brazil. *American Sociological Review*, v. 7, 1943.

FRIGERIO, Alejandro. Umbanda e africanismo em Buenos Aires: duas etapas de um mesmo caminho religioso. *Comunicações*, Iser, Rio de Janeiro, n. 35, 1989a.

_____. *With the banner of Oxala*: The social construction and mantainance of reality in Afro-brasilian religions in Argentina. 1989b. Tese (Doutorado em Antropologia) — University of California, Los Angeles.

_____. Nuevos movimentos religiosos y medios de comunicacion: la imagen de la umbanda en la Argentina. *Sociedad y Religion*, Buenos Aires, n. 8, março, 1991.

FRY, Peter. *Mesa e terreiro em Campinas*: um estudo de simbolismo no seu contexto social. Mimeo. 1971.

_____. Reflexões sobre o crescimento da conversão à umbanda. *Cadernos do ISER*, Rio de Janeiro, Tempo e Presença, n. 1, 1974.

_____. *Para inglês ver*: identidade e política na cultura brasileira. Rio de Janeiro: Zahar Editores, 1982.

GEERTZ, Clifford. A descrição densa. In: _____. *A interpretação das culturas*. Rio de Janeiro: Zahar Editores, 1978.

GLUCKMAN, Max. Uma situação social na Zululândia moderna. In: BIANCO, Feldman B. (org.). *Antropologia das sociedades contemporâneas*. São Paulo: Global, 1987 [1958].

_____. *Custom and conflict in África*. Oxford: Basil Blackwell, 1955.

GOLDMAN, Márcio. *A possessão e a construção ritual da pessoa no candomblé*. 1984. Dissertação (Mestrado em Antropologia Social) — Museu Nacional/Programa de Pós-Graduação em Antropologia Social, Universidade Federal do Rio de Janeiro, Rio de Janeiro.

GONÇALVES, Márcia de Vasconcelos Contins. *O caso da pomba-gira*: reflexões sobre crime, possessão e imagem feminina. 1983. Dissertação (Mestrado em Antropologia Social) — Museu Nacional/Programa de Pós-Graduação em Antropologia Social, Universidade Federal do Rio de Janeiro, Rio de Janeiro.

GUEDES, Simone L. Umbanda e loucura. In: VELHO, Gilberto (org.). *Desvio e divergência.* Uma crítica da patologia social. Rio de Janeiro: Zahar Editores, 1974. [Jorge Zahar, 1999.]

HERSKOVITZ, Melville. The Negro in Bahia, Brazil a problem in method. *American Sociological Review*, v. 8, 1943.

LANDES, Ruth. *A cidade das mulheres.* Rio de Janeiro: Civilização Brasileira, 1967.

LAPASSADE, George; LUZ, Marco Aurélio. *O segredo da macumba.* Rio de Janeiro: Paz e Terra, 1972.

LEACOCK, Seth and Ruth. *Spirits of the Deep*: drums, mediuns and trance in a brasilian city. Nova York: The American Museum of Natural History, Doubleday Natural History Press, 1972.

LEVI-STRAUSS, Claude. *O pensamento selvagem.* São Paulo: Companhia Editora Nacional, 1970.

_____. *Antropologia estrutural.* Rio de Janeiro: Tempo e Presença, 1985. v. 1.

LIMA, Vivaldo da Costa. *A família de santo nos candomblés gêge-nagôs da Bahia*: um estudo das relações intergrupais. 1977. Dissertação (Mestrado em Antropologia) — Universidade Federal da Bahia, Salvador.

LUZ, Marco Aurélio. *Agadá*: dinâmica do processo civilizatório negro no Brasil. 1988. Tese (Doutorado em Comunicação) — Escola de Comunicação, Universidade Federal do Rio de Janeiro, Rio de Janeiro.

MAGGIE, Yvonne. *Medo do feitiço*: relações entre magia e poder no Brasil. Rio de Janeiro: Arquivo Nacional, 1992.

MAGNANI, José Guilherme Cantor. *Umbanda.* São Paulo: Ática, 1986.

MILAN, Betty. *Manhas do poder*: umbanda, asilo e iniciação. São Paulo: Ática, 1979.

MONTERO, Paula. *Da doença à desordem*: as práticas mágico-terapêuticas na umbanda. São Paulo: USO, 1983.

_____. Religiões e dilemas da sociedade brasileira. In: MICELI, Sérgio (org.). *O que ler na ciência social brasileira (1970-1995).* São Paulo: Editora Sumaré/Anpocs, 1999. v.1.

MONTEIRO, Douglas Teixeira. A macumba de Vitória. In: CONGRESSO DE AMERICANISTAS, 21, 1985, São Paulo. *Anais...* São Paulo: Editora Anhembi, 1985. v.1.

MOTT, Yoshiko Tanabe. *Caridade e demanda*: um estudo de acusação e conflito na umbanda em Marília. 1976. Dissertação (Mestrado em Antropologia) — Universidade Estadual de Campinas, Campinas.

MOTTA, Roberto. *Meat and feast*: the Xango religion of Recife, Brazil. 1988. Tese (Doutorado em Antropologia) — Columbia University, Nova York.

_____. Desetinização e modernização, ou como é (im)possível entender a expansão do candomblé. In: ENCONTRO ANUAL DA ANPOCS, 18, 1994, Caxambu. (Mimeo.)

NEGRÃO, Lisias Nogueira. *Entre a cruz e a encruzilhada*: formação do campo umbandista em São Paulo. São Paulo: Edusp, 1996.

ORO, Ari Pedro (org.). *As religiões afro-brasileiras do Rio Grande do Sul.* Porto Alegre: Editora da UFRGS, 1994.

_____. *Mercosul*: as religiões afro-brasileiras nos países do Prata. Petrópolis: Vozes, 1999.

ORTIZ, Renato. *A morte branca do feiticeiro negro*: umbanda; integração de uma religião numa sociedade de classes. Petrópolis: Vozes, 1978.

PIERUCCI, Antonio Flávio. Sociologia da religião — área impuramente acadêmica. In: MICELI, Sérgio (org.). *O que ler na ciência social brasileira (1970-1995)*. São Paulo: Editora Sumaré/Anpocs, 1999. v.2.

_____. *Ciladas da diferença*. São Paulo: Editora 34, 2000.

PRANDI, Reginaldo. *Os candomblés de São Paulo*: a velha magia na metrópole nova. São Paulo: Hucitec/Edusp, 1991.

_____. *Herdeiras do axé*: sociologia das religiões afro-brasileiras. São Paulo: Hucitec/Edusp, 1996.

_____. *Mitologia dos orixás*. São Paulo: Companhia das Letras, 2001.

QUEIROZ, Maria Isaura Pereira de. Afro-brasilian cults and religous change in Brazil. In: BECKFORD, James; LUCKMANN, Thomas (org.). *The changing face of religion*. Londres: Sage/ISA, 1991.

RAMOS, Artur. *Os horizontes místicos do negro da Bahia*. Bahia: Arquivos do Instituto Nina Rodrigues, 1932.

_____. *O negro brasileiro*. Rio de Janeiro: Civilização Brasileira, 1934.

_____. *O negro na civilização brasileira*. São Paulo: Casa do Estudante do Brasil. 1956.

REIS, João José. Nas malhas do poder escravista. A invasão do candomblé de Accú na Bahia (1829). *Religião e Sociedade*, Rio de Janeiro, Iser, v. 13, n. 3, 1987.

RIO, João do. *As religiões do Rio*. Rio de Janeiro: Garnier, 1906.

RODRIGUES, Nina. *O animismo fetichista dos negros baianos*. Rio de Janeiro: Civilização Brasileira, 1935.

SANTOS, Jocélio Teles dos. *O dono da terra*: o caboclo nos candomblés da Bahia. Salvador: Sarah Letras, 1995.

SANTOS, Juana Elbein dos. *Os nagô e a morte*: pàde, asèsè e o culto égun na Bahia. Petrópolis: Vozes, 1986.

SEGATO, Rita. *A folk theory of personality types*: gods and their symbolic representation by members of the sango cult in Recife, Brazil. 1984. Tese (Doutorado em Antropologia) — The Queen's University, Belfast.

_____. Uma vocação de minoria: a expansão dos cultos afro-brasileiros na Argentina como processo de re-etnização. *Dados*, Iuperj, Rio de Janeiro, 1991.

_____. Frontiers and margins: the untold story of afro-brasilian religious expansion to Argentina and Uruguay. In: ANNUAL MEETING OF THE AMERICAN ANTHROPOLOGICAL ASSOCIATION, 1995a. (Mimeo.)

_____. *Santos e daimones*: o politeísmo afro-brasileiro e a tradição arquetipal. Brasília: Editora UnB, 1995.

SEIBLITZ, Zélia Milanez de Lossio e. *Dentro de um ponto riscado*: estudo de um centro espírita na Zona Norte do Rio de Janeiro. 1979. Dissertação (Mestrado em Antropologia Social) — Museu Nacional, Programa de Pós-Graduação em Antropologia Social, Universidade Federal do Rio de Janeiro, Rio de Janeiro.

SERRA, Ordep José Trindade. *Águas do rei*. Petrópolis: Vozes, 1995.

SILVA, Anaísa Virgulino da. *O tambor das flores*: uma análise da Federação Espírita Umbandista e dos cultos afro-brasileiros do Pará (1965-1975). 1976. Dissertação (Mestrado em Antropologia) — Programa de Pós-Graduação em Antropologia/Universidade de Campinas, Campinas.

SILVA, Vagner Gonçalves da. *Candomblé e umbanda*: caminhos da devoção brasileira. São Paulo: Ática, 1994.

_____. *Orixás da metrópole*. Petrópolis: Vozes, 1995.

SOUSA, Laura de Mello e. O *diabo e a Terra de Santa Cruz*: feitiçaria e religiosidade popular no Brasil Colonial. São Paulo: Companhia das Letras, 1986.

TEIXEIRA, Maria Lina Leão. *Transas de um povo de santo*: um estudo sobre identidades sexuais. 1986. Dissertação (Mestrado em Sociologia) — Programa de Pós-Graduação em Sociologia, Instituto de Filosofia e Ciências Sociais, Universidade Federal do Rio de Janeiro, Rio de Janeiro.

TRINDADE, Liana Salvia. *Exu, poder e perigo*. São Paulo: Ícone, 1985.

TURNER, Victor. *Schism and continuity in an African Society*. Manchester: Manchester University Press, 1964.

TURNER, Victor. *Forest of symbols*. Cornell University Press, 1967.

_____.*O processo ritual*. Petrópolis: Vozes, 1974.

_____. *The anthropology of performance*. Nova York: PAJ, 1988.

VELHO, Gilberto. Unidade e fragmentação em sociedades complexas. In: VELHO, Gilberto; VELHO, Otávio. *Duas conferências*. Rio de Janeiro: Editora UFRJ/ Câmara de Estudos Avançados, Fórum de Ciência e Cultura, 1992.

VERGER, Pierre Fatumbi. *Orixás, deuses iorubás na África e no Novo Mundo*. Salvador: Corrupio, 1981 [1957].

_____. *Ewé*: O uso das plantas na sociedade iorubá. São Paulo: Odebrecht, 1995.

_____. *Notas sobre o culto aos orixás e voduns na Bahia de Todos os Santos, no Brasil, e na antiga costa dos escravos na África*. São Paulo: Edusp, 2000 [1957].

VOGT, Carlos; FRY, Peter. *Cafundó*: a África no Brasil. São Paulo: Companhia das Letras, 1996.

VOGEL, Arno; MELLO, Marco Antonio da Silva; BARROS, José Flávio Pessoa de. *A galinha-d'angola*: iniciação e identidade na cultura afro-brasileira. Rio de Janeiro: Pallas; Niterói: Eduff, 1993.

Bibliografia sobre religiões afro-brasileiras após a 1ª edição de *Guerra de Orixá*

Teses e dissertações:

ABRANTES, Samuel. *Atotô Obaluayê Ajuberú*: um olhar semiológico sobre a indumentária de Obaluayê. 1996. Dissertação (Mestrado em Artes Visuais)

— Escola de Belas-Artes, Universidade Federal do Rio de Janeiro, Rio de Janeiro.

ALBUQUERQUE, Ulysses Paulino de. *Folhas sagradas*: as plantas litúrgicas e medicinais nos cultos afro-brasileiros. 1997. Dissertação (Mestrado em Antropologia) — Universidade Federal de Pernambuco, Recife.

ALMEIDA, Angélica Aparecida Silva de. *Religião em confronto*: o espiritismo em Três Rios (1922-1939). 2000. Dissertação (Mestrado em Antropologia) — Instituto de Filosofia e Ciências Humanas, Universidade Estadual de Campinas, Campinas.

ALVARUS, Leny. *Como o diabo gosta*. 1993. Dissertação (Mestrado em Comunicação) — Escola de Comunicação, Universidade Federal do Rio de Janeiro, Rio de Janeiro.

AMARAL, Rita de Cássia de Mello Peixoto. *Povo-de-santo, povo de festa*: estudo antropológico do estilo de vida dos adeptos do candomblé paulista. 1992. Dissertação (Mestrado em Antropologia) — Faculdade de Filosofia, Letras e Ciências Humanas, Universidade de São Paulo, São Paulo.

ANDREI, Elena Maria. *Coisas de santo*: iconografia da imaginária afro-brasileira. 1994. Dissertação (Mestrado em Artes Visuais) — Escola de Belas-Artes, Universidade Federal do Rio de Janeiro, Rio de Janeiro.

ANJOS, José Carlos dos. *O território da linha cruzada*. 1993. Dissertação (Mestrado em Antropologia Social) — Programa de Pós-Graduação em Antropologia Social, Universidade Federal do Rio Grande do Sul, Porto Alegre.

ARAUJO, Waldenir Caldeira de Jesus Coelho de. *Parentesco religioso afro-brasileiro no Grande Recife*. 1977. Dissertação (Mestrado em Antropologia Social) — Museu Nacional, Programa de Pós-Graduação em Antropologia Social, Universidade Federal do Rio de Janeiro, Rio de Janeiro.

BÁRBARA, Rosa Maria Susanna. *A dança do vento e da tempestade*. 1995. Dissertação (Mestrado em Antropologia) — Faculdade de Filosofia e Ciências Humanas, Universidade Federal da Bahia, Salvador.

BARRETTO, Maria Amália Pereira. *A casa de Fanti-Ashanti em São Luiz do Maranhão*. 1987. Tese (Doutorado em Antropologia Social) — Museu Nacional, Programa de Pós-Graduação em Antropologia Social, Universidade Federal do Rio de Janeiro, Rio de Janeiro.

BARROS, Elizabete Umbelino de. *Traços do Kimbundu numa casa de candomblé angola*. 2000. Dissertação (Mestrado em Antropologia) — Faculdade de Filosofia, Letras e Ciências Humanas, Universidade de São Paulo, São Paulo.

BARROS, José Flávio Pessoa de. *Ewé o Osanyin*: sistema de classificação de vegetais nas casas de santo Jêje-Nagô de Salvador. 1983. Tese (Doutorado em Antropologia) — Faculdade de Filosofia, Letras e Ciências Humanas, Universidade de São Paulo, São Paulo.

BERNARDO, Rosa Maria Costa. *Objetos do axé*: um estudo antropológico que vai da construção do objeto à manutenção da vida nos grupos de candomblé de

São Paulo. 1994. Dissertação (Mestrado em Antropologia) — Faculdade de Filosofia, Letras e Ciências Humanas, Universidade de São Paulo, São Paulo.

BINON-COSSARD, Gisele. *Contribuition à l'étude des candomblés au Brésil*: le candomblé angola. 1977. Tese (Doutorado em Ciências Sociais) — Faculté des Lettres et Sciences Sociales de Paris, Paris.

BOYER, Veronique. *Umbanda et societé*: la magie au confluent des contradictions. 1985. Tese (Doutorado em Ciências Sociais) — École des Hautes Etudes en Sciences Sociales, Paris.

BRAGA, Júlio Santana. *Le jeu de "buzios" dans le candomble de Bahia*: étude de la divination dans les cultes afro-bresiliens. 1977. Tese (Doutorado em Antropologia) — Université Nationale du Zaire, Kinshasa.

BRAGA, Reginaldo Gil. *Batuque jeje-ijexa em Porto Alegre*: a música no culto aos orixás. 1997. Dissertação (Mestrado em Música) — Escola de Música. Universidade Federal da Bahia, Salvador.

BRANDÃO, Maria do Carmo. *Xangôs tradicionais e xangôs umbandizados do Recife*: organização econômica. 1986. Tese (Doutorado em Antropologia) — Faculdade de Filosofia, Letras e Ciências Humanas, Universidade de São Paulo, São Paulo.

BRISSAC, Sérgio Góes Telles. *A Estrela do Norte iluminando até o Sul*: uma etnografia da União do Vegetal em um contexto urbano. 1999. Dissertação (Mestrado em Antropologia Social) — Museu Nacional, Programa de Pós-Graduação em Antropologia Social, Universidade Federal do Rio de Janeiro, Rio de Janeiro.

BRITES, Jurema. *Aprendiz de bacana*: mobilidade social e sociabilidade em um terreiro afro-brasileiro. 1993. Dissertação (Mestrado em Antropologia Social) — Programa de Pós-Graduação em Antropologia Social, Universidade Federal do Rio Grande do Sul, Porto Alegre.

CAMPELO, Marilú Márcia. *Crianças no Céu, anjinhos na Terra*. 1991. Dissertação (Mestrado em Sociologia) — Programa de Pós-Graduação em Sociologia, Instituto de Filosofia e Ciências Sociais,Universidade Federal do Rio de Janeiro, Rio de Janeiro.

CAPONE, Stefania. *A dança dos deuses*: uma análise de possessão no Candomblé Angola Kassane. 1991. Dissertação (Mestrado em Antropologia Social) — Museu Nacional, Programa de Pós-Graduação em Antropologia Social, Universidade Federal do Rio de Janeiro, Rio de Janeiro.

_____. *Esu ma se mio*: le pouvoir de la tradition dans le Candomblé bresilien. 1997. Tese (Doutorado em Antropologia) — Université de Paris X, Paris.

COSTA-ROSA, Abílio da. *Práticas de cura nas religiões e tratamento psíquico em saúde coletiva*. 1995. Tese (Doutorado em Psicologia) — Instituto de Psicologia, Universidade de São Paulo, São Paulo.

CRUZ, Robson Rogério. *Carrego de Egum*: contribuição aos estudos do rito mortuário no candomblé. 1995. Dissertação (Mestrado em Antropologia Social)

— Museu Nacional, Programa de Pós-Graduação em Antropologia Social, Universidade Federal do Rio de Janeiro, Rio de Janeiro.

ENNE, Ana Lúcia Silva. *Umbanda e assistencialismo*: um estudo sobre representação e identidade em uma instituição da Baixada Fluminense. 1995. Dissertação (Mestrado em Antropologia Social) — Museu Nacional, Programa de Pós-Graduação em Antropologia Social, Universidade Federal do Rio de Janeiro, Rio de Janeiro.

FERNANDES, Magali Oliveira. *Luiz Olímpio Telles de Menezes*: os primeiros momentos da edição kardecista no Brasil. 1993. Dissertação (Mestrado em Antropologia) — Faculdade de Filosofia, Letras e Ciências Humanas, Universidade de São Paulo, São Paulo.

FRIGERIO, Alejandro. *The Search for Africa*: Proustian nostalgia in Afro-Brasilian studies. 1983. Dissertação (Mestrado em Antropologia) — University of California, Los Angeles.

______. *With the Banner of Oxala*: Social construction and maintenance of reality in Afro-Brazilian religions in Argentina. 1989. Tese (Doutorado em Antropologia) — University of California, Los Angeles.

GAMA, Cláudio Murilo Pimentel. *O espírito da medicina*: médicos e espíritas em conflito. 1992. Dissertação (Mestrado em Sociologia) — Programa de Pós-Graduação em Sociologia, Instituto de Filosofia e Ciências Sociais, Universidade Federal do Rio de Janeiro, Rio de Janeiro.

GIROTO, Ismael. *O universo mágico-religioso negro-africano e afro-brasileiro*: Banto e Nagô. 1999. Tese (Doutorado em Antropologia) — Faculdade de Filosofia, Letras e Ciências Humanas, Universidade de São Paulo, São Paulo.

GONÇALVES, Maria Alice Rezende. *A brincadeira no terreiro de Oxossi*: um estudo sobre a vida lúdica de uma comunidade de candomblé do Grande Rio. 1990. Dissertação (Mestrado em Sociologia) — Programa de Pós-Graduação em Sociologia, Instituto de Filosofia e Ciências Sociais, Universidade Federal do Rio de Janeiro, Rio de Janeiro.

GROISMAN, Alberto. *"Eu venho da floresta"*: ecletismo e práxis xamânica daimista no "Céu de Mapiá". 1991. Dissertação (Mestrado em Antropologia) — Programa de Pós-Graduação em Antropologia Social, Centro de Filosofia e Ciências Humanas, Universidade Federal de Santa Catarina, Florianópolis.

GUIMARÃES, Marco Antonio Chagas. *É um umbigo, não é?* A mãe criadeira: um estudo sobre o processo de construção de identidade em comunidade de terreiro. 1990. Dissertação (Mestrado em Psicologia) — Departamento de Psicologia, Pontifícia Universidade Católica, Rio de Janeiro.

GUIMARÃES, Maria Beatriz Lisboa. *A "lua branca" de seu Tupinambá e de mestre Irineu*: estudo de caso de um terreiro de umbanda. 1992. Dissertação (Mestrado em Sociologia) — Programa de Pós-Graduação em Sociologia, Instituto de Filosofia e Ciências Sociais, Universidade Federal do Rio de Janeiro, Rio de Janeiro.

HALPERN, Elizabeth. *As representações de adoecimento e cura na Sociedade Espírita Ramatís*: um estudo socioantropológico. 1998. Dissertação (Mestrado em

Medicina Social) — Instituto de Medicina Social, Universidade Estadual do Rio de Janeiro, Rio de Janeiro.

HESS, David. *Spirits and science in Brazil*: an anthropological interpretation of religion and ideology. 1987. Tese (Doutorado em Antropologia) — Cornell University, Ithaca.

HOFBAUER, Andreas. *Uma história de branqueamento ou o negro em questão*. 1999. Tese (Doutorado em Antropologia) — Faculdade de Filosofia, Letras e Ciências Humanas, Universidade de São Paulo, São Paulo.

LEPINE, Claude. *Contribuição ao estudo do sistema de classificação dos tipos psicológicos no candomblé kétu de Salvador*. 1978. Tese (Doutorado em Psicologia) — Departamento de Psicologia, Universidade de São Paulo, São Paulo.

LEWGOY, Bernardo. *Os espíritas e as letras*: um estudo antropológico sobre cultura escrita e oralidade no espiritismo kardecista. 2000. Tese (Doutorado em Antropologia) — Faculdade de Filosofia, Letras e Ciências Humanas, Universidade de São Paulo, São Paulo.

LIMA, Nelson. *Dando conta do recado*: a dança afro no Rio de Janeiro e suas influências. 1995. Dissertação (Mestrado em Sociologia) — Programa de Pós-Graduação em Sociologia, Instituto de Filosofia e Ciências Sociais, Universidade Federal do Rio de Janeiro, Rio de Janeiro.

LUCAS, Glaura. *Os sons do rosário*: um estudo etnomusicológico do congado mineiro: Arturos e Jatobás. 1999. Dissertação (Mestrado em Comunicação) — Escola de Comunicações e Artes, Universidade de São Paulo, São Paulo.

MARINHO, Roberval José. *A arte e educação no universo cultural Nagô*: o Ili Ase Opo Afonja — um estudo de caso: 1977 a 1988. 1989. Tese (Doutorado em Antropologia) — Departamento de Antropologia, Faculdade de Filosofia, Letras e Ciências Humanas, Universidade de São Paulo, São Paulo.

MEDEIROS, Bartolomeu Tito Figueiroa. *De entre as almas, santos e entidades outras no Rio de Janeiro*. 1995. Tese (Doutorado em Antropologia Social) — Museu Nacional, Programa de Pós-Graduação em Antropologia Social, Universidade Federal do Rio de Janeiro, Rio de Janeiro.

MENDONÇA, Cleonice Pitangui. *Santos, orixás e caboclos*: uma introdução ao mundo do candomblé. 1982. Dissertação (Mestrado em Antropologia Social) — Universidade Estadual de Campinas.

OLIVEIRA, Valter de. *Candomblé*: histórico e folclore. 1981. Dissertação (Mestrado em Comunicação) — Escola de Comunicações e Artes, Universidade de São Paulo, São Paulo.

PAOLO, Pasquale di. *Umbanda e Integração Social*: Uma investigação sociológica na Amazônia. 1979. Dissertação (Mestrado em Sociologia) — Universidade Federal do Pará, Belém.

POLLATO, Silvana. *O fascínio do candomblé paulista*: seus clientes e um oluo. 1990. Dissertação (Mestrado em Antropologia) — Departamento de Antropologia, Pontifícia Universidade Católica de São Paulo, São Paulo.

RAMOS, Márcia Alves. *A magia do cemitério*: o ritual dos mortos na quimbanda. 1992. Dissertação (Mestrado em Sociologia) — Programa de Pós-Graduação em Sociologia, Instituto de Filosofia e Ciências Sociais, Universidade Federal do Rio de Janeiro, Rio de Janeiro.

RODRIGUES, Valério. *Divino maravilhoso*: práticas artísticas e tradição cultural nos candomblés do Rio de Janeiro. 1999. Dissertação (Mestrado em Artes Visuais), Escola de Belas-Artes, Universidade Federal do Rio de Janeiro, Rio de Janeiro.

SANTIAGO, Jairo da Costa. *Candomblé comunicação e mito*: a sobrevivência da religiosidade afro-lusa. 1999. Dissertação (Mestrado em Comunicação), Escola de Comunicação, Universidade Federal do Rio de Janeiro, Rio de Janeiro.

SENNA, Ronaldo de Salles. *Jarê — uma face do candomblé*: manifestação religiosa na Chapada Diamantina. 1998. Tese (Doutorado em Antropologia) — Universidade Estadual de Feira de Santana, Feira de Santana.

S. NETO, Francisco L. Pereira da. *A caminho da luz*: estudo sobre espiritismo e modernidade em Cascavel, oeste do Paraná. 1995. Dissertação (Mestrado em Antropologia Social) — Programa de Pós-Graduação em Antropologia Social, Instituto de Filosofia e Ciências Humanas, Universidade Federal do Rio Grande do Sul, Porto Alegre.

SANTOS, Alberto Pereira dos. *Geografia do (in)visível*: o espaço do Kardecismo em São Paulo. 1999. Dissertação (Mestrado em Antropologia) — Faculdade de Filosofia, Letras e Ciências Humanas, Universidade de São Paulo, São Paulo.

SCHRITZMEYER, Ana Lucia Pastore. *Sortilégio de saberes*: curandeiros e juízes nos tribunais brasileiros (1900-1990). 1994. Dissertação (Mestrado em Antropologia) — Faculdade de Filosofia, Letras e Ciências Humanas, Universidade de São Paulo, São Paulo.

SILVEIRA, Andréa Fernanda. *Moral e relações sociais*: um estudo sobre a influência de uma instituição espírita numa comunidade da periferia de Curitiba. 1999. Dissertação (Mestrado em Antropologia Social) — Centro de Filosofia e Ciências Humanas, Programa de Pós-Graduação em Antropologia Social, Universidade Federal de Santa Catarina, Florianópolis.

SOARES, Jacqueline Nogueira. *Se tem mironga Tia Chica tem gongar*: Umbanda e destino: um estudo de caso. 1993. Dissertação (Mestrado em Antropologia Social) — Museu Nacional, Programa de Pós-Graduação em Antropologia Social, Universidade Federal do Rio de Janeiro, Rio de Janeiro.

SOARES, Mariza de. *O medo da vida e o medo da morte*: um estudo da religiosidade brasileira. 1990. Dissertação (Mestrado em Antropologia Social) — Museu Nacional, Programa de Pós-Graduação em Antropologia Social, Universidade Federal do Rio de Janeiro, Rio de Janeiro.

STOLL, Sandra Jacqueline. *Entre dois mundos*: o espiritismo da França e no Brasil. 1999. Tese (Doutorado em Antropologia) — Faculdade de Filosofia, Letras e Ciências Humanas, Universidade de São Paulo, São Paulo.

TEIXEIRA, Maria Lina Leão. *A encruzilhada do ser*: representações da (Lou)cura em terreiros de Candomblé. 1994. Tese (Doutorado em Antropologia) — Faculdade de Filosofia, Letras e Ciências Humanas, Universidade de São Paulo, São Paulo.

VALADO NETO, Antônio Armando. *Iemanjá, a grande mãe africana do Brasil*: mito, rito e representação. 1999. Dissertação (Mestrado em Antropologia) — Faculdade de Filosofia, Letras e Ciências Humanas, Universidade de São Paulo, São Paulo.

VIANNA, Hélio. *Somos uma montanha*: Oralidade, sociedade letrada e invenção de tradições no candmblé carioca do século XX. 1999. Tese (Doutorado em Antropologia Social) — Museu Nacional, Programa de Pós-Graduação em Antropologia Social, Universidade Federal do Rio de Janeiro, Rio de Janeiro.

VIANA, Júlio César da Silva. *Do terreiro ao samba*: um estudo sobre memória e trajetória social na Baixada Fluminense. 1998. Dissertação (Mestrado em Sociologia e Antropologia) — Instituto de Filosofia e Ciências Sociais, Universidade Federal do Rio de Janeiro, Rio de Janeiro.

VOGEL, Arno. *Muzenza*: a metamorfose iniciática na cultura afro-brasileira dos candomblés. 1991. Tese (Doutorado em Antropologia Social) — Museu Nacional, Programa de Pós-Graduação em Antropologia Social, Universidade Federal do Rio de Janeiro, Rio de Janeiro.

Livros:

ACOSTA, Aglimira Villalba. *"Macumba", terapia del pueblo*. Montevidéu: Monte Sexto, 1989.

_____. *Contribución al estudio del Batuque:* una religión natural, ni locos, ni raros. Montevidéu: Editora do Autor, 1996.

ANGELE, Roberto; CARVALHO, Jeohvá. *Reinvenção do reino dos voduns*: salmos e baladas nascidas da conciliação lingüística e semântica entre as novas remanescências verbais jêje-nagôs e a língua portuguesa na Bahia. Salvador: Littera, 1991.

AUBREE, Marion; LAPLANTINE, François. *La table, le livre et ses esprits*: naissance, évolution et actualité du mouvement social spirite entre France et Brésil. Paris: Jean Claude Lattes, 1990.

AYALA, Armando. *El Batuque*: mitos y fundamentos de la Gran nación Nagó en América. Montevidéu: MZ, 1988.

AZEVÊDO, Stella; MARTINS, Cléo. *E daí aconteceu o encanto...* Salvador: Axé Opô Afonjá, 1988.

BANCK, Geert. *Social change in contemporary Brazil*: politics, class and culture in a decade of transition. Holanda: CEDLA, 1988.

BARCELLOS, Mário César. *Jamberesu*: as cantigas de Angola. Rio de Janeiro: Pallas, 1998.

_____. *Os orixás e o segredo da vida*: lógica, mitologia e ecologia. 3. ed. Rio de Janeiro: Pallas, 1999.

BARRETTO, Maria Amália Pereira. *Os voduns do Maranhão*. São Luiz: Fundação Cultural do Maranhão, 1977.

BASTOS, Abguar. *Cultos mágico-religiosos no Brasil*: Xangô, candomblé, Pará, macumba, cambinda, umbanda, quimbanda, catimbó... São Paulo: Hucitec, 1979.

BASTOS, Wilson de Lima. *Figuras presentes em cultos afro-brasileiros*. Juiz de Fora: Centro de Estudos Sociológicos de Juiz de Fora, 1977.

BECKER, Ralph M. *Trance und Geistbesessenheit im candomble von Bahia (Brasilien)*. Berlim: Lit, Munster, 1995.

BERKEMBROCK, Volney J. *A experiência dos orixás*. Um estudo sobre a experiência religiosa no Candomblé. Petrópolis: Vozes, 1998.

BIRMAN, Patrícia. *O que é umbanda*. São Paulo: Brasiliense, 1985.

BOTAS, Paulo Cezar Loureiro. *Carne do sagrado Edum Ara*: devaneios sobre a espiritualidade dos orixás. Petrópolis: Vozes, 1996.

BRAGA, Júlio Santana (comp.). *Contos afro-brasileiros*. Salvador: Fundação Cultural do Estado da Bahia/EGBA, 1980.

_____. *Ancestralidade afro-brasileira*. Salvador: Ceao/Ianamá, 1992.

_____. *Na gamela do feitiço*: repressão e resistência nos candomblés. Salvador: EDUFBA, 1995.

_____. *A cadeira de Ogã e outros ensaios*. Rio de Janeiro: Pallas, 1999.

BRANDÃO, Carlos Rodrigues. *Os deuses do povo*: um estudo sobre a religião popular. São Paulo: Brasiliense, 1980.

_____ et al. *Umbanda e política*. Rio de Janeiro: Marco Zero e Instituto de Estudos da Religião, 1985.

BROWN, Diana Degroat. *Umbanda*: religion and politics in urban Brazil. Ann Arbor: UMI Research Press, 1986.

BRUMANA, Fernando Giobelina; MARTINEZ, Elda Gonzalez. *Marginália sagrada*. Campinas: Unicamp, 1991.

CACCIATORE, Olga Gudolle. *Dicionário de cultos afro-brasileiros*: com origem das palavras. Rio de Janeiro: Forense Universitária/Secretaria Estadual de Educação e Cultura, 1977.

CAPONE, Stefania. *La quête de l'Afrique dans le candomblé*: pouvoir et tradition au Brésil. Paris: Karthala, 1999.

_____. *Per un'antropologia del corpo*: simbolismo e tecniche del corpo nel candomblé di Bahia. Nápoles: Istituto Universitario Orientale, 1983.

CARMO, João Clodomiro do. *O que é candomblé*. São Paulo: Brasiliense, 1987.

CARYBÉ. *Iconografia dos deuses africanos no candomblé da Bahia*. Salvador: Fundação Cultural do Estado da Bahia; Brasília: INL, 1980.

CAVALCANTI, Maria Laura Viveiros de Castro. *O que é espiritismo*: 2ª visão antropológica. São Paulo: Brasiliense, 1985.

CONCONE, Maria Helena Villas-Boas. *Umbanda, uma religião brasileira*. São Paulo: Faculdade de Filosofia, Ciências e Letras da Universidade de São Paulo/CER, 1987.

CONSORTE, Josildeth; COSTA, Marcia Regina (org.). *Religião, política e identidade*. São Paulo: Educ, 1987.

GABRIEL, Chester E. *Comunicações dos espíritos*: umbanda, cultos regionais em Manaus e a dinâmica do transe mediúnico. São Paulo: Edições Loyola, 1985.

CINTRA, Raimundo. *Candomblé e umbanda*: o desafio brasileiro. São Paulo: Edições Paulinas, 1985.

CORRÊA, Norton F. *O batuque do Rio Grande do Sul*. Porto Alegre: Editora UFRGS, 1992.

DAMAZIO, Sylvia F. *Da elite ao povo*: advento e expansão do espiritismo no Rio de Janeiro. Rio de Janeiro: Bertrand Brasil, 1994.

_____. *Um pouco da historia do espiritismo no Rio de Janeiro*. Rio de Janeiro: Fundação Casa de Rui Barbosa, 1994.

DI PAOLO, Pasquale. *Umbanda e integração social*: uma investigação sociológica na Amazônia. Belém: Universidade Federal do Pará/Boitempo, 1979.

DICCIONARIO de cultos afro-brasileiros: manual practico que explica los principales conceptos del candomble y de la umbanda. São Paulo: Ideia, 1992.

EGYDIO, Silvia. *O perfil do Axé Ile Obá*. São Paulo: Edições Populares, 1990.

FARELLI, Maria Helena; SILVA, Nilza Paes da. *Comida de santo*: também cozinha baiana. Rio de Janeiro: Pallas, 1980.

FERREIRA, Euclides M. *Casa Fanti-Ashanti e seu Alaxé*. São Luiz: Alcântara, 1987.

_____. *O candomblé do Maranhão*. São Luiz: Alcântara, 1984.

FICHTE, Hubert. *Etnopoesia*: antropologia poética das religiões afro-americanas. São Paulo: Brasiliense, 1987.

_____. *Umbanda*: religião, magia, possessão. Teresópolis: Jaguary, 1983.

FRIGERIO, Alejandro. De la Umbanda al Africanismo: identificación étnica y nacional en las religiones afrobrasileñas en Argentina. In FONSECA, Cláudia (org.): *Fronteiras da cultura*. Porto Alegre: Editora da Universidade, 1993.

GIROTTO, Ismael. *O candomblé do rei*. São Paulo: Faculdade de Filosofia, Letras e Ciências Humanas, Universidade de São Paulo/CER, 1990.

GIUMBELLI, Emerson Alessandro. *Em nome da caridade*: assistência social e religião nas instituições espíritas. Rio de Janeiro: ISER, 1995.

_____. *O cuidado dos mortos*: uma história da condenação e legitimação do espiritismo. Rio de Janeiro: Arquivo Nacional, 1997.

GONÇALVES, Edilson Santana. *Os fenômenos da espiritualidade e suas repercussões na ordem jurídica penal*: charlatanismo, curandeirismo, espiritismo, mediunidade, exploração da credulidade pública e lei. Fortaleza: ABC Fortaleza, 1999.

HESS, David John. *Samba in the night*: Spiritism in Brazil. Nova York: Columbia University Press, 1994.

JACINTHO, Roque. *O que é espiritismo?* São Paulo: Brasiliense, 1985.

JESUS, Wilson Ferreira de. *Antropologia do candomblé*. Rio de Janeiro: Printel, 1991.

KLOPPENBURG, Boaventura. *O espiritismo no Brasil*: orientação para os católicos. Petrópolis: Vozes, 1980.

LA PORTA, Ernesto M. *Estudo psicanalítico dos rituais afro-brasileiros*. Rio de Janeiro: Ateneu, 1979.

LANDIM, Leilah (org.). *Sinais dos tempos*: diversidade religiosa no Brasil. Rio de Janeiro: ISER, 1990.

LANGGUTH, A.J. *Macumba*: White and Black Magic in Brazil. Londres: Harper & Row Publishers, 1993.

LEHMANN, David. *Struggle for the Spirit*: Religious Transformation and Popular Culture in Brazil and Latin America. Cambridge: Polity Press, 1996.

LEPINE, Claude. *Os estereótipos da personalidade no candomblé nagô*. Marília: Unesp, 1981.

_____. *Transe e possessão no culto dos orixás*. Marília: Unesp, 1988.

LIMA, Fernando Roque de. *Consultores do além*: a racionalidade inserta no trabalho de aconselhamento a clientes de empreendimentos esotéricos. Salvador: Universidade Federal da Bahia / Escola de Administração-NUPGA, 1997.

LODY, Raul Giovanni da Motta. *Pano da costa*. Rio de Janeiro: Campanha de Defesa do Folclore Brasileiro, 1977.

_____. *Samba de caboclo*. Rio de Janeiro: Campanha de Defesa do Folclore Brasileiro, 1977.

_____. *Santo também come*: estudo sociocultural da alimentação cerimonial em terreiros afro-brasileiros. Recife: Instituto Joaquim Nabuco de Pesquisas Sociais/Artenova, 1979.

_____. *Sete temas da mítica afro-brasileira*: uma leitura etno-sociológica. Rio de Janeiro: Altiva, 1982.

_____. *Espaço, orixá, sociedade*: um ensaio de antropologia visual. Rio de Janeiro: [s.n.], 1984.

_____. *Um documento do candomblé na cidade do Salvador*. Rio de Janeiro: MinC/Funarte/INF; Salvador: Fundação Cultural do Estado da Bahia, 1985.

_____. *Cultura material dos xangôs e candomblés*: em torno da etnografia religiosa do Nordeste. Rio de Janeiro: Instituto Nacional do Folclore, 1987.

_____. *Candomblé*: religião e resistência cultural. São Paulo: Ática, 1987.

_____. *Pencas de balangandãs da Bahia*: um estudo etnográfico das jóias-amuletos. Rio de Janeiro: Instituto Nacional do Folclore, 1988.

_____; SÁ, Leonardo. *O atabaque no candomblé baiano*. Rio de Janeiro: Instituto Nacional do Folclore / Instituto Nacional de Música, 1989.

_____. *A construção mítica de Oxalá na perspectiva afro-brasileira*. Rio de Janeiro: Pallas, 1991.

_____. *Uma missa para Oxossi*: o rei de Ketu visita o Rosário dos Pretos. Rio de Janeiro: Campanha de Defesa do Folclore Brasileiro, 1992.

_____; TEIXEIRA, Wani Fernandes Pereira. *Introdução ao xangô, umbanda e mestria da Jurema na cidade de Natal (RN)*: coleção afro-brasileira do Museu Câmara Cascudo — UFRN. Natal: UFRN / Museu Câmara Cascudo, 1994.

_____; MARTINS, Cléo (org.). *Faraimará — o caçador traz alegria*: mãe Stella, 60 anos de iniciação. Rio de Janeiro: Pallas, 2000.

LOYOLA, Maria Andrea. *Médicos e curandeiros, conflito social e saúde*. São Paulo: Difel, 1984.

LUZ, Marco Aurélio. *Cultura negra e ideologia do recalque*. Rio de Janeiro: Achiamé, 1983.

MARTINS, Suzana. *A study of the dance of yemanja in the ritual cerimonies of the camdoble of Bahia*. Temple: Temple University Graduate Board, 1995.

MEYER, Marlyse. *Maria Padilha e toda a sua quadrilha*: de amante de um rei de Castela a Pomba-Gira de umbanda. São Paulo: Duas Cidades, 1993.

MONTERO, Paula. *Da doença à desordem*: A magia na umbanda. Rio de Janeiro: Graal, 1985.

MOTT, Luiz Roberto de Barros; CERQUEIRA, Marcelo (org.). *As religiões afro-brasileiras na luta contra a AIDS*. Salvador: Centro Baiano Anti-AIDS, 1998.

_____. *Candomblés da Bahia*: catálogo de 500 casas de culto afro-brasileiro de Salvador. Salvador: Centro Baiano Anti-AIDS,1998.

MOURA, Carlos Eugênio Marcondes de (org.). *Olóòrisà*: Escritos sobre a religião dos orixás. São Paulo: Ágora, 1981.

_____ (org.). *Bandeira de Alaira*: Outros escritos sobre a religião dos orixás. São Paulo: Nobel, 1982.

_____ (org.). *Candomblé, desvendando identidades*: novos escritos sobre a religião dos orixás. São Paulo: EMW, 1987.

_____. *Meu sinal está no teu corpo*: escritos sobre a religião dos orixás. São Paulo: Edicon/Edusp, 1989.

_____ (org.). *As senhoras do pássaro da noite*: Escritos sobre a religião dos orixás. São Paulo: Axis/Mundi/Edusp, 1994.

_____ (org.). *Leopardo dos olhos de fogo*: Escritos sobre a religião dos orixás — VI. Cotia: Ateliê, 1998.

_____ (org.). *Candomblé*: religião do corpo e da alma: tipos psicológicos nas religiões afro-brasileiras. Rio de Janeiro: Pallas, 2000.

MOURA, Roberto. *Tia Ciata e a pequena África no Rio de Janeiro*. Rio de Janeiro: Prefeitura da Cidade do Rio de Janeiro/Secretaria Municipal de Cultura/Departamento Geral de Documentação e Informação, 1995. Coleção Biblioteca Carioca.

MUSEU Theo Brandão de Antropologia e Folclore. *Coleção afro-brasileira*: Museu Theo Brandão. Rio de Janeiro: Instituto Nacional do Folclore, 1987.

NERY, Maria Eugênia Vianna. *Psiquiatria folclórica do candomblé*. Salvador: UFBA, 1977.

OLIVEIRA, Jorge Itaci de. *Orixás e voduns nos terreiros de Mina*. São Luís: Secretaria da Cultura do Estado do Maranhão, 1989.

O'GORMAN, Frances. *Aluanda*: A look at Afro-Brasilian cults. Rio de Janeiro: Francisco Alves. 1977.

ORO, Ari Pedro; STEIL, C.A. (org.). *Religião e globalização*, Petrópolis: Vozes, 1997.

ORTIZ, Renato. *Consciência fragmentada*. Rio de Janeiro: Paz e Terra, 1980.

PALEARI, Giorgio. *Umbanda*: Aspectos da identidade e do campo religioso, a partir do discurso do produtor especializado e sua vinculação com o catolicismo popular. São Paulo: Departamento de Antropologia da PUC-SP, 1984.

PALLAVICINO, Maria I. *Umbanda*: religiosidad afro-brasileña en Montevideo. Montevidéu: Ed. da autora, 1987.

PEIXOTO, Isadora Durval. *Superstição e crime no Brasil*. São Paulo: Editora Revista dos Tribunais, 1980.

PEREIRA, Nunes. *A Casa das Minas*: Culto dos voduns jeje no Maranhão. Petrópolis: Vozes, 1979.

PIERUCCI, Antônio Flávio; PRANDI, Reginaldo. *A realidade social das religiões no Brasil*. São Paulo: Hucitec, 1996.

PORDEUS JÚNIOR, Ismael. *A magia do trabalho*: macumba cearense e festas de possessão. Fortaleza: Secretaria da Cultura e Desporto do Estado do Ceará, 1993.

PRANDI, Reginaldo. *Terapias religiosas em São Paulo*: a cura no espiritualismo, pentecostalismo, umbanda e candomblé. São Paulo: Cerap, 1987.

_____. *Cittá in transe*: culti di possessione nella metropoli brasiliana. Roma: Acta, 1993.

ROCHA, Agenor Miranda. *Os candomblés antigos do Rio de Janeiro*. A nação Ketu: Origens, ritos, crenças. Rio de Janeiro: Topbooks, 1994.

SALES, Nívio Ramos. *Prova de fogo*: posando para retrato. Rio de Janeiro: Esquina, 1981.

SANGIRARDI JÚNIOR. *Deuses da África e do Brasil*: candomblé & umbanda. Rio de Janeiro: Civilização Brasileira, 1988.

SANTOS, Deoscoredes M. dos. *História de um terreiro nagô*. São Paulo: Max Limonad, 1988.

SANTOS, Juana Elbein dos (org.). *Nossos ancestrais e o terreiro*. Salvador: EGBA, 1997.

SERRA, Ordep José. *Na trilha das crianças*: os erês num terreiro Angola. Brasília: UnB, 1978.

_____. *Estrofes e antistrofes*: o andamento do drama ritual no culto do candomblé da Bahia. Salvador: Centro de Estudos Bahia, 1980.

_____. *Dois estudos afro-brasileiros*. Salvador: UFBA, 1988.

SILVA, Vagner Gonçalves da. *O antropólogo e sua magia*. São Paulo: Edusp, 2000.

SIMSON, Olga de Moraes von. (org.). *Revisitando a terra de contrastes*: a atualidade da obra de Roger Bastide. São Paulo: Edusp/CERU, 1996.

SIQUEIRA, Maria de Lourdes. *Os orixás na vida dos que neles acreditam*. Belo Horizonte: Mazza, 1995.

_____. *Agô Agô Lonan*: mitos, ritos e organização em terreiros de candomblé da Bahia. Belo Horizonte: Mazza, 1998.

SODRÉ, Muniz; LIMA, Luís Felipe de. *Um vento sagrado*: história de vida de um adivinho da tradição nagô-kêtu brasileira. Rio de Janeiro: Mauad, 1996.

SOMETTI, José. *Feitiço e contrafeitiço*: Despachos, sapos de bocas costuradas e com fotografias da vítima visada, bonecos espetados, mau olhado... à luz da parapsicologia. Petrópolis: Vozes. 1984.

SOUSA, Gérson Ignez de; PINTO, Tancredo da Silva. *Negro e branco na cultura religiosa afro-brasileira*: os egbás. Rio de Janeiro: Gráfica Editora Aurora, 1997.

VIANA, Francisco; OLIVEIRA, Eduardo César S. F. *O misticismo no Brasil.* Rio de Janeiro: FASE, 1982.

WAFER, James William. *The taste of blood*: spirit possession in Brazilian candomblé. Filadélfia: University of Pennsylvania Press, 1991.

Artigos e capítulos de livros:

CONCONE, Maria Helena Villas-Boas. Imagem e identidade dos cultos afro-brasileiros (1880-1980). *Teoria e pesquisa*, n. 16/17, p.10-22, 1996.

FRIGERIO, Alejandro. Umbanda e africanismo em Buenos Aires: duas etapas de um mesmo caminho religioso. *Comunicações do ISER*, n. 35, p.53-63, 1989.

FRY, Peter. Gallus Africanus Est, ou, como Roger Bastide se tornou africano no Brasil. In: SIMSON, Olga von (org.). *Revisitando a terra de contrastes*: a atualidade de Roger Bastide. São Paulo: FFLCH/USP/CER, 1986.

GIBBAL, Jean-Marie. La Pomba Gira reçoit ce soir: urbanité et religiosité à Porto Alegre. *Archives de Sciences Sociales des Religions*, Paris, n. 73, p.115-123, 1991.

MONTES, Maria Lucia. As figuras do sagrado: entre público e privado. In: SCHWARCZ, Lilia Moritz (org.). *História da vida privada no Brasil.* São Paulo: Companhia das Letras, 1998.

MOTTA, Roberto (org.). Os afro-brasileiros. CONGRESSO AFRO-BRASILEIRO, Recife, 1982. Recife: Fundação Joaquim Nabuco/Editora Massangana, 1985.

PI HUGARTE, Renzo. Mecanismos de difusión y crescimiento: economia, poder y prestigio en las "terreras" montevideanas. In: ____ (org.). *Los cultos de posesión en Uruguay*. Montevidéu: Editora de la Banda Oriental, 1998.

PEREIRA, João Batista Borges. Estudos antropológicos das populações negras na Universidade de São Paulo. *Revista de Antropologia*, São Paulo, 1981.

SILVERSTEIN, Leni M. Mãe de todo mundo — modos de sobrevivência nas comunidades de candomblé na Bahia. *Religião e Sociedade*. Rio de Janeiro: Civilização Brasileira, n. 4, out. de 1979.

VELHO, Gilberto. Indivíduo e religião na cultura brasileira. In: ____. *Projeto e metamorfose*: antropologia das sociedades complexas. Rio de Janeiro: Jorge Zahar, 1994.

WARREN, Donald. A terapia espírita no Rio de Janeiro por volta de 1990. *Religião e Sociedade*. Rio de Janeiro: Campus, v. 11/3, 1984.

YOSHIAKI, Furuya. Caboclos as possessing-spirits. A review of two models in Afro-brasilian religious studies. In: MINZOKUGA-KENKYU. *The Japanese Journal of Ethnology*, The Japanesee Society of Ethnology, Higoshico, Hoya, Tóquio, v. 51, n. 3, 1986.

ZALUAR, Alba. O diabo em Belíndia. *Religião e Sociedade*. Rio de Janeiro: Campus, v. 12/2, 1985.